745

compañera
madre
virginidad
el honor
quién mantiene?
quien limpia?
"sexismo"

CANTES FLAMENCOS

ANTONIO MACHADO Y ÁLVAREZ

CANTES FLAMENCOS

Cuarta edición

COLECCIÓN AUSTRAL

ESPASA-CALPE

Primera edición: 24 - VII - 1947
Segunda edición: 29 - XI - 1947
Tercera edición: 10 - II - 1975
Cuarta edición: 24 - X - 1985

—

Maqueta de cubierta: Enric Satué

—

Depósito legal: M. 35.635—1985

ISBN 84—239—0745—7

Impreso en España
Printed in Spain

Acabado de imprimir el día 24 de octubre de 1985

Talleres gráficos de la Editorial Espasa-Calpe, S. A.
Carretera de Irún, km. 12,200. 28049 Madrid

ÍNDICE

ACOTACIÓN PRELIMINAR

Don Antonio Machado y Álvarez, de quien ser el primogénito no me impedirá asegurar que fue una de las más altas mentalidades españolas de la pasada centuria —aunque las pésimas historias de nuestra literatura apenas lo consignen—, fue el iniciador de los estudios folklóricos en España; el fundador del folklore español, el cual, no sólo siguió cronológicamente al inglés, sino que rectificó, mejorándola, la definición de esa amplísima y compleja ciencia del alma popular, cuyo objeto alcanza a todas las disciplinas: Religión, Historia, Arte, Ciencias puras o aplicadas, en aquel grado en que el pueblo las posee.

Sobre el concepto de pueblo, de literatura popular, y especialmente de coplas populares —que más nos interesa al abrir este libro—, remito a los lectores al prólogo de mi padre, que encabeza la obra y que trasciende fuertemente la plena posesión de este linaje de conocimientos, que valió a mi padre el título de miembro de honor del folklore inglés y de la Sociedad Filológica de Londres y, consecutivamente, de todos los núcleos folklóricos que fueron fundándose en todos los países de Europa y América.

... Y ésta fue toda su recompensa, a cambio de su fortuna, su salud y su vida, consagrada al folklore y prematuramente truncada en 1892, cuando frisaba en los cuarenta y cinco de su edad.

Como rastro luminoso de una vida ejemplar por la dedicación única, ferviente —y sin el menor estímulo oficial (1) ni particular— a esta suerte de estudios, quedaron: en pri-

(1) Excepto por parte de don Antonio Cánovas del Castillo, que le facilitó los medios, más taxativamente el local, en el antiguo Museo Pedagógico, para establecer allí el primer Museo Folklórico que hubo en España, y que desapareció también, por falta de continuadores, a la muerte de mi padre.

mer término, la promoción y fundación de las sociedades folklóricas en todas las regiones de España, obra misional y organizadora verdaderamente ingente y definitiva; y, en el terreno bibliográfico, la publicación de varios libros, entre los cuales: una primera «Colección de cantares» con las grafías propias de la fonética popular andaluza (1); otra de «Rimas y juegos infantiles»; otra de «Adivinanzas»; un tomo del «Folklore andaluz», órgano de la sociedad de este nombre, verdadero modelo y paradigma para un seminario de cultivadores de estas materias, conteniendo las definiciones y las bases del folklore español... Y, sobre todo, los once tomos de la admirable «Biblioteca de las Tradiciones Populares», cuya colección completa —así como los libros anteriormente mencionados— es punto menos que imposible de encontrar en el mercado, ya que están agotadas las ediciones hace muchos años.

No menos de cincuenta —desde la muerte de Antonio Machado y Álvarez— lleva el folklore español en una especie de colapso, galvanizado apenas por los trabajos esporádicos, y más similares que específicamente folklóricos, en su mayoría, de don Alejandro Guichot, don Francisco Rodríguez Marín (compañeros de mi padre en la época «heroica» de la fundación), don Luis de Hoyos, don Vicente García de Diego y el gran don Ramón Menéndez Pidal, si bien los de este último, orientados casi exclusivamente en el sentido de la Filología, de la que es maestro inigualado... En lo relativo a música popular, hase de mencionar también —después de los antiguos trabajos de Barbieri— los nombres de Pedrell, Torner, Falla, Subirá, Benedito y acaso algunos —muy pocos— más.

Casi hemos, pues, de volver a empezar —como ocurre con tantas otras cosas en España— ahora que, en esferas oficiales, parece interesar definitivamente el asunto... La fausta nueva me viene del sabio profesor, mi ilustre colega en la Academia Española, don Vicente García de Diego, que sería encargado de reponer en marcha estos estudios y de la formación y dirección del seminario que les serviría de base para el acarreo y discernimiento del material folklórico, en que es España, acaso, la más rica y varia entre las naciones de Europa.

....

(1) Esta obra dio lugar al famoso profesor de Gratz M. Hugo Schuhard sobre la fonética andaluza.

El bosquejo de la figura señera del colector de estos *Cantes flamencos* y del género de actividades en que se desenvolviera, me ha parecido oportuno y útil para garantizar al lector la seguridad de hallarse con este libro ante la más exquisita, aquilatada y perfecta selección de coplas andaluzas, hecha, como sólo él podía, por quien más supo y entendió de nuestra poesía popular.

En efecto, todas las coplas que aquí caen bajo el epígrafe de *Cantes flamencos* —«lo flamenco» se hace con el tiempo más y más indefinible, porque comenzó significando exactamente «lo gitano» y, en un devenir constante, ha llegado a designar la mezcla progresiva y cada vez en distintas proporciones, de «lo gitano» con «lo andaluz», *agachonándose,* que diría un *cañí*—, todas, digo, las coplas de este libro son absolutamente populares. Nacieron cantadas, en toda la gama y por todos los estilos del pueblo. Y siempre se cantaron, no sólo por los profesionales del arte, desde Tío Luis, el de la Juliana, a don Antonio Chacón, pasando por el Fillo y señor Silverio, por la Andonada, la Trini y la Cerneta, sino por cualquiera Juan del campo o de la ciudad que ha tenido un amor o un dolor que decirle a una guitarra, o simplemente, y sin otra música que la de la voz humana, al aire de la noche andaluza.

Son además las coplas aquí contenidas las mejores y más famosas. Elegidas principalmente, con sacrificio —cruel para el colector— de otros valores folklóricos, por su valor estético y profundidad sentimental, así saben encerrar muchos tomos de filosofía en los tercios de una «soleá», como toda una gama vivida y sufrida de penas y alegrías —más de penas, naturalmente— en el quinto extracto de poema dramático que es una «seguiriya».

Eso en cuanto al fondo. Y, por lo que hace a la forma, la más completa variedad en el género: desde la escuela «soleá» de tres versos, «madre del cante», a la ingeniosa y parlanchina seguidilla sevillana, «hija del baile», pasando por la clásica malagueña y la tremenda «seguiriya» gitana.

Según su asunto y su contextura externa, hay aquí coplas para todos los estilos del «cante hondo» o grande, y del «cante chico» o ligero: *la toná de la fragua, la liviana, el polo, la caña, la policaña, el martinete, la javera, la playera, la serrana, la carcelera, la taranta, la mariana...,* es decir, que no faltan en este libro coplas para todos los tonos del cantar, desde la hierática *saeta* a la danzarina *corrida.* Para todos los tonos, y las mejores de cada tono: en resolución, «la flor del cante».

La Colección Austral de Espasa-Calpe adquiere, con este nuevo título, un nuevo nombre insigne que sumar a su lista: el nombre sin nombre, el anónimo colectivo o totalitario, como ahora dicen, del mejor poeta español, que es, sin duda, el pueblo andaluz.

MANUEL MACHADO.

Marzo, 1946.

PRÓLOGO

Completamente ajeno a todo propósito folklórico y mira científica, este libro ofrece una gallarda muestra de las condiciones artísticas del gran poeta anónimo. Colección escogida de *Cantes flamencos y cantares,* sus elementos se encuentran diseminados en las conocidas colecciones de *Don Preciso,* Fernán-Caballero, Lafuente Alcántara, *Demófilo* y Rodríguez Marín, que utilizó en su voluminosa obra, la más completa y científica de esta índole de cuantas existen en España, los trabajos de sus predecesores. Con posterioridad a ésta, el señor Pérez Ballesteros ha reunido en su excelente *Cancionero* más de dos mil *copras* gallegas; Bertrán y Bros ha publicado las *Cansons y Follíes* del pueblo catalán; Olavarría, en su *Folklore de Proaza,* lindas coplas de Asturias; y en multitud de trabajos populares se han dado y siguen dando a conocer todos los días preciosas jotas, manchegas, pardicas, ruadas, zorzicos, corrandes, muiñeiras y cansons mallorquinas, de las cuales, según nuestras noticias, posee una riquísima colección inédita el docto bibliotecario de Barcelona don Mariano Aguiló, quien publicándola prestaría a la nueva Ciencia, y especialmente a la Literatura popular, señalado servicio.

De todos estos datos y otros muchos, que no cabe apuntar aquí, se desprende que el pueblo español, teniendo en cuenta el número de coplas que cada una de las regiones podría aportar a la masa común, dispone de un capital flotante que acaso no baje de cien mil canciones, capital que llegará a constituir, así lo espero, en plazo no lejano el *Cancionero popular español,* que ha de ser una resultante de los cancioneros regionales, aun por desdicha no publicados todos.

Mientras llega este día, que será verdaderamente célebre en los fastos de la Literatura española, conviene de vez en cuando tomar, si se me permite la frase, la espumadera de la crítica y recoger con ella la flor y nata de estas canciones, para solaz y recreo de las personas de buen gusto literario y estímulo de los que continúan su penosa y deslucida tarea de recolectar.

Para la muy agradable de elegir, hecha posible por el oscuro y laborioso esfuerzo de los obreros del saber popular, para quienes todas, absolutamente todas las producciones del vulgo, tanto las bellas como las reputadas por más insignificantes y sin mérito son igualmente apreciables, nadie quizá, contra lo que ordinariamente se cree, menos a propósito que los folkloristas, y esto por dos razones, sumamente fáciles de entender al menos lince. Primera: que en fuerza de recoger coplas y de estimarlas todas, si bien cada una por distinto concepto, el folklorista se incapacita para distinguir las notas puramente estéticas de estas producciones, aconteciéndole algo parecido a lo que pasa a los devotos con sus santos, a saber: que en fuerza de manosear a éstos, transportarlos de un lugar a otro y sacudirles el polvo, llegan a familiarizarse con ellos hasta el punto de perderles el respeto; y segunda: que, no siendo meros motivos de belleza los que solicitan a los folkloristas para sus colecciones, el escoger unas coplas y el desechar otras constituye para ellos una especie de profanación, análoga a la que constituiría para el botánico que estudiase la flora de un país el elegir las rosas y jazmines, verbigracia, y desechar los ásperos y espinosos cardos y ortigas, con frecuencia más útiles para la industria que aquellas bellas y elegantes flores.

*

Pero ¿quién es el autor de estas preciosas coplas, que es lo que interesa? —preguntarán los lectores de este libro.

¿Que quién es el autor? Pues lo mismo lo sé yo que vosotros y que todos cuantos, así en el extranjero como en España, se han ocupado en la resolución de este grave asunto. El autor de estas coplas es Don X., a quien, para no pasar plaza de ignorantes, hemos convenido en llamar *Pueblo*, como pudiéramos haberle puesto, por ejemplo, *Perico el de los Palotes*.

Mas Perico el de los Palotes, me objetaréis, no puede haber compuesto tantísima copla; la vida de un hombre no alcanza para tanto.

Tenéis razón, lectores; pero vosotros no estáis todavía iniciados en los misterios profundos de nuestra sabiduría. Al decir autor, no quiero decir precisamente autor, sino autores, porque, como habréis sagazmente adivinado, todas las coplas de esta colección no son hijas de un mismo padre, sino de muchos, a los cuales, para satisfacer vuestro tenaz y, en mi opinión, un si es no es pueril empeño de darles un nombre, llamaré Juan Sánchez, Manuel Pérez, Dolores García y Josefa López, sin contar al *Fillo, Frasco el Colorao, Curro Durse, er Quiqui,* Juana *la Sandita, la Andonda, Sirberio,* Pepa *la Bochoca* y otra infinidad de poetas que, sin ser académicos de la Lengua ni personas de viso, son tan perfectamente conocidos en su casa a la hora de comer como lo fueron y son algunos de estos célebres *cantaores* por los aficionados a las *juergas* flamencas, que así se tiran una *jara,* y se toman y se dan una *puñalá,* y se cantan una seguidilla por *too lo jondo,* y se beben diez bateas de cañas de a diez docenas cada una, apurando con cada batea su platito de aceitunas *moráas* y alcaparrones, como se *camelan* una *gachí* o se capean un toro, dándole una *estocá por too lo arto* en un decir Jesús o en menos que se persigna un cura loco.

Tienen estos autores por profesión la de vivir: viven en su casa y de lo que comen, como cualquiera; y en punto al alma, la tienen en su *almario,* ni más ni menos que el más encopetado y, a falta de laurel, emperejilado vate. A estos *cantaores* de profesión, que no sólo viven de lo que comen, sino de lo que cantan, han de unirse como autores, según he dicho, los infinitos Sánchez, Pérez y Garcías, que, así como los López, no son los Sánchez, Pérez o López que conocéis, sino *otros López,* que en infinito número andan desparramados por esos mundos de Dios, arando, tejiendo, carpinteando, forjando, cosiendo, cavando, vareando aceituna y rompiéndose el alma de mil modos, y ajenos por completo a que sus cantos y *trinos* son luego motivo de estas disquisiciones filosóficas, vamos al decir. Entre estos autores, anónimos en fuerza de llamarse como se llama todo el mundo, hay autores y autoras, y toman parte ciertamente no menos Menganitas que Fulanitos, esto es, *hombrecillos,* que *personas imaginarias,* si son exactas las etimologías alemana y arábiga que a las palabras *Fulano* y *Mengano* atribuye la última edición del *Diccionario de la Lengua.*

Fulano, don Fulano, el señor don Fulano y la Excelentísima señora doña Mengana, el Ilustrísimo señor don Zutanejo y la Eminentísima señora doña Perenceja, quizá criada de servicio la una y aprendiz de barbero el otro, son más de una vez los respetabilísimos autores y autoras de las coplas de este libro; coplas que no conseguirían mejorar, ni aun sudando el *quilo,* los que, al escribir versos y figurándose estar haciendo embuchados para la venta, estiran, estiran, estiran, y rellenan, rellenan, rellenan sus composiciones poéticas, olvidándose del precepto de que la mejor poesía es la que dice más en menos palabras, y ni más ni menos que si intentasen parodiar al chacinero que aspira a vender como *carne* lo que son *piltrafas.*

Esto, a la verdad, no acontece con las producciones del respetable vulgo, *vulgus* en latín, *volgo* en italiano, *volk* en alemán, *folk* en inglés. El poeta, ¡dale con el poeta!, los poetas y poetisas anónimos, no usan los ripios. La falta de ripios es una de las verdaderas notas características de la poesía popular: el ripio es un primor que el pueblo desconoce: en *tesis general,* puede asegurarse que copla, *soleá,* o seguidilla que tenga ripio, no la ha hecho el pueblo; ningún Juan Sánchez ni Dolores Fernández, ningún Zutanillo ni Menganilla alguna, dicen cantando lo que no es necesario para la expresión de sus sencillos sentimientos: cuando les duele se quejan, y cuando se alegran ríen, sin meterse jamás a esmaltar sus risas o sus lágrimas con adornos postizos. Fulanilla y Menganillo, autores de la copla que comienza:

No canto por que me escuchen
ni para lucir la voz,

no comprenden en su simplicidad esa costumbre jeremiaca de los líricos malos de meternos el corazón en un puño, contándonos sus muchas veces sólo pretendidas cuitas; así que cantan, creyéndoselo por lo visto de muy buena fe:

Todo aquel que dice ¡ay!
es señal que le ha dolío.

Juan y María no comprenden tampoco que pueda convertirse en motivo de lucro el cantar uno sus penas, ni mucho menos en motivo de recrear a un público determinado. Cuando canta, por ejemplo:

Blanquita como la nieve,
¡qué lástima de gachí,
que otro gachó se la lleve!,

le tiene completamente sin cuidado que todos los académicos, literatos o literatas, críticos o criticonas del mundo, desenvainen la pluma y decidan, como en última instancia y sin apelación, que tales producciones son feas o bonitas. Las coplas populares no están hechas para *venderse,* ni aun para *escribirse;* por lo tanto, es imposible juzgarlas bien no oyéndolas cantar, toda vez que no sólo la música, sino el tono emocional, les da una significación, una expresión y un alcance que meramente escritas no pueden tener. Una misma palabra dicha con diferente *tono emocional* significa, lo mismo para un niño que para un perro, una cosa completamente distinta. No es que la copla se pone en música como se puede poner en música una oda: es que la copla, verdaderamente real y espontánea, cuando nace, nace ella misma *cantándose,* si vale expresarme así. Una copla escrita, es una copla estropeada; es como un naranjo nacido en Sevilla y transportado a Madrid, en cuyo clima apenas puede vivir de otro modo que como planta de estufa. La copla no es como el romance de ciego, en que se escribe ya para dar gusto a un público y sacarle los cuartos. Por esta razón, desde el punto de vista afectivo, la copla popular o anónima es superior, casi siempre, a la hecha por el erudito.

La espontaneidad y la sencillez son notas características de estas producciones. En ellas se muestra el alma, ruda y agreste si queréis, pero virgen: *l'anima non sofisticata d'al vero,* que dice el insigne Pitré: el alma no adulterada ni enmascarada se muestra en las coplas populares, sin convencionalismos ni caretas que la desnaturalicen ni disfracen.

El pueblo en sus coplas jamás finge ni miente (exagerar no es mentir, porque es una modalidad de la fantasía). Por eso no vacila en decir:

Tu mare forforiyera,
y tu pare esquilaperros,
¡vaya una gente fulera!

El pueblo es ingenuo como el niño, que, sin conocer las convenciones sociales, pide el objeto que ve y se le antoja, y llama fastidiosa a la persona que se lo parece, muy a despecho de los finísimos y atribulados padres que, sin meterse a distinguir de edades, quieren tragarse con la vista al angelito al ver que no miente todavía con el aplomo que ellos.

La intensidad con que los hombres del pueblo sienten el reducido número de afectos y de ideas con que hacen su vida, y el carácter, aunque empírico, verdaderamente real y no abstracto, de sus escasos conocimientos, da a sus producciones un vigor extraordinario y gran propiedad y sobriedad a los términos de ellas.

Procuraré explicarme. El hombre y la mujer del pueblo son, como los que pertenecen a clases más cultas, propietarios; pero sus predios, en vez de tener miles de aranzadas como los de aquéllos, tienen sólo muy pocas fanegas de tierra; y como, además, la necesidad les obliga a cultivarlos por sí mismos, conocen más a fondo las condiciones de las plantas y flores de su pequeña heredad y las aprovechan mejor que los grandes terratenientes. Así, por ejemplo, como Fulanito no conoce, ni entiende, ni maneja más que el español, es con frecuencia (porque a la fuerza ahorcan) más castizo que el que sabe su poquito de inglés, de alemán, de francés, de griego, de latín, de árabe, de hebreo, y aun su mijita de tagalo, si es preciso. De aquí que Fulano y Mengano y Zutano hayan sido y sean considerados, no sólo en España y ahora, sino en todos los tiempos y en todos los pueblos del mundo, los grandes factores de la lengua, que es antes para *hablar* que para *escribir,* siendo hoy sobre las lenguas habladas y no sobre las lenguas escritas, empleadas sólo como medio supletorio, sobre las que la Filología hace sus más serios trabajos y mejores conquistas. La Gramática no es, como dice un célebre autor inglés, el conjunto de reglas convencionales y fijadas dictatorialmente luego por una corporación, por alta que sea, sino la resultante del esfuerzo de *todos los pueblos y de todos los hombres,* para comunicar de una manera propia y adecuada sus ideas y sentimientos.

El acertado empleo de las imágenes y comparaciones es, en estas coplas, prenda que da a éstas verdadero realce y *originalidad,* porque esta difícil condición no se adquiere buscando lo exótico y estrafalario, sino cultivando y desenvolviendo lo que cada individuo y cada cosa tienen de propio.

Poseen también las coplas populares, cuyas notas distintivas no cabe enumerar aquí, una condición de gran precio, a saber: que el molde de ellas es tan amplio, vago e indeterminado, que basta la más leve modificación de un relativo, de un tiempo, de un nombre, de un artículo, muchas veces de una sola letra, para hacerlas adaptables a los casos y cosas más diferentes, habiendo algunas de tan natural y al mismo tiempo delicado artificio, que pueden pasar a expresar, con breves modificaciones, los más contrarios afectos y situaciones del ánimo. En este punto creo aplicable a la poesía el mismo criterio que a los idiomas, cuya riqueza más consiste en tener palabras que se presten a expresar muchas relaciones diferentes, que en poseer vocablos que signifiquen una cosa determinada hasta su último extremo. La existencia del verbo *to become, el devenir* francés, da, a mi juicio, mucha mayor riqueza al idioma inglés que la que podría dar al sánscrito, por ejemplo, el tener una palabra de veintitantas sílabas que significase *el que tiene veintinueve pelos y medio en la ventanilla izquierda de la nariz.* Pues bien: esta indeterminación de las coplas populares, y el prestarse, por tanto, a diversos comentarios, lejos de ser un defecto de tales producciones, es una condición que las abrillanta, y los poetas eruditos, en mi opinión, no perderían el tiempo en estudiarlas como gérmenes de poesías más complejas, si la misión del poeta culto es, como creo, no la de censurar, ni aun la de imitar, sino la de enaltecer las producciones de la muchedumbre.

Mientras esto acontece, leed y releed esta preciosa colección de cantes, coplas y cantares, y si alguien cree, quizá, poner una pica en Flandes porque sabe que tal o cual de ellas es obra de un poeta tan ilustre como *Cavila, Mira-al-Cielo* o *Filipichí,* contestadle que la de más arriba o la de más abajo es de Juan Sánchez o de Dolores Pérez, de tía María *la Mica* o del *Pelao de Utrera,* y que, si los poetas eruditos hacen coplas *completamente iguales* a las del pueblo, esto sólo puede indicar que también ellos son *del pueblo,* sin otra diferencia que la de la cola o el apellido.

Por lo demás, muchas de las coplas que tenéis a la vista, no se han elegido tanto por sus condiciones de belleza como por su carácter *flamenco,* cualidad tan difícil de definir como fácil de apreciar por los inteligentes que comprendan todo el alcance del estribillo de la copla de *Panaeros,* que dice:

> Pa tené grasia
> sa menesté reuní
> muchas sircunstansias;

circunstancia que, por desdicha, no reúne el prologuista de esta colección, destinada sólo a proporcionar un buen rato a los aficionados al género, y, cuando más, un motivo de pensamiento a los aficionados al estudio de la Literatura popular, hoy tan en boga en todos los pueblos cultos.

ANTONIO MACHADO Y ÁLVAREZ.

SOLEARES

Er queré quita er sentío:
lo igo por esperensia,
porque a mí ma suseío.

Anda y no presumas tanto,
que otras mejores que tú
se quean pa bestí santos.

Dises que me quieres mucho;
puesto que tanto me quieres,
no me des tantos disgustos.

Cuando ebajito er puente,
acuérdate que esías:
«Espera, que biene gente.»

A los árboles blandeo,
a un toro brabo lo amanso,
y a ti, flamenca, no pueo.

¡Ay, probe corasón mío!
Por más gorpes que resibe
nunca se da por bensío.

Chiquiyo, no me la mientes;
que como la quiero tanto,
fatigas me dan de muerte.

Anda que te den un tiro,
que te jases mu persona
y a la cara no te miro.

Por dinero no lo jagas;
yébame a una jerrería
y échame un jierro en la cara.

No bayas a la Vitoria,
no sarga un santo y te quite
mi queré e la memoria.

Esta flamenquiya perra
me tiene comprometío,
que quiere que yo la quiera.

Der sielo vengan fatigas;
yo por la caye no yoro,
porque la gente no diga.

Chiquiya, bente conmigo,
que no te fartará náa...
para andar encueros bibos.

Dises que no me puées be:
la cara t'amariyea
de la fuersa der queré.

Quiéreme como te quiero;
luego me berás morí
como Cristo en er maero.

Abujitas y arfileres
le clabaran a mi nobia
cuando la yamo y no biene.

A mí se me da mu poco
que er pájaro en la lamea
se múe de un árbo a otro.

Deja que la gente diga;
en queriéndonos los dos,
pase la gente fatiga.

¿Amariya y con ojeras?...
No le preguntes qué tiene;
que está queriendo e beras.

Cuando yo me esté muriendo,
arrímate tú a mi cama,
que siempre t'estoy queriendo.

A serbir al rey me boy,
y er biento que da en tu puerta
son los suspiros que doy.

Bien sabes que te he querío,
pero me ha dicho mi mare
que bergüensa no he tenío.

Buenos consejos te di,
no los quisiste tomá,
quéjate a tu mar bibí.

Arrímate a mi queré,
como las salamanquesas
s'arriman a la paré.

Anda y que te den un tiro...
con pórbora e mis ojos
y balas e mis suspiros.

Cuando te bi en la cama,
a mi corasón de ducas
se le cayeron las alas.

Anda y no presumas más:
Si t'has e tirá ar poso,
¿pa qué miras er brocá?

Corre a la ilesia y confiesa:
que tú tiene en este mundo
mir cositas malas jechas.

Compañera, si me muero,
la casiya e los locos
ha e sé tu paraero.

Cuando por la caye bas,
tienes carita e santo
y partías e charrán.

Con er jaleo y el ole,
las muchachas de hoy en día
se lo isen a los hombres.

Anda a un rico que te dé;
y si el rico no te da,
ben acá, yo te daré.

De pena me estoy muriendo,
al ber que en er mundo bibes
y ya para mí t'has muerto.

Chiquiya, ¡balientemente
dejaste tú mi queré
por er desí de la gente!

Cuando yo te quise a ti,
se cuajaron los rosales
e rosa e pitiminí.

Bien me lo esía mi mare:
Cabrita que tira ar monte
no hay cabrero que la guarde.

Anda bete a la lamea,
que e noche pasa tóo;
jasta la farsa monea.

¡A mí te quiés compará,
siendo de tóos los metales
y yo de un solo metá?...

¡Blanquita como la niebe!
¡Qué lástima de gachí,
que otro gachó se la yebe!

Al hombre que está queriendo,
jasta e noche en la cama
er queré le quita er sueño.

Cuando más a gusto estaba,
m'apartaron e tu bera
por una persona mala.

Dises que soy mar gachó,
siendo yo más jitaniyo
que las costiyas e Dios.

Anda, que ya no te quiero;
que de tu bía y milagros
malos informes me dieron.

¿Dónde m'arrimaré yo,
si no hay un pecho en er mundo
que quiera darme caló?

Chiquiya, tú eres mu loca:
eres como las campanas,
que toíto er mundo las toca.

De mi vera tú te fuiste,
y a las beinticuatro horitas
er daño reconosiste.

Dios mío, ¿qué será esto?
Sin frío ni calentura,
yo me estoy cayendo muerto.

Cuando más yo te quería,
me presisó el orbiarte,
porque si no me moría.

Disen que no bales ná;
cuando a mi bera te tengo
bales tú un grande caudá.

De tu bera no m'aparto,
aunque a puñalás me maten
y me yeben entre cuatro.

Anda a la ilesia y confiesa;
que te quiten los muñecos
que tienes en la cabesa.

Dile a tu mare que caye;
que te tengo tapaíta
una fartita mu grande.

Chiquiya, ¡cómo m'has puesto!
Con un arfilé de a chabo
se puée pasá mi cuerpo.

Cuando paso por tu puerta,
te reso un Abe-María,
como si estubieras muerta.

De yorá tengo canales,
en ber que por ti he perdío
a mi pare y a mi mare.

Disen que no hay caras buenas:
que miren la e mi dueño,
que ninguna es como eya.

Er dinero es un mareo:
aquer que tiene parné
es bonito, aunque sea feo.

Entre la hija y la mare
están echando unas cuentas,
las mismas que no le salen.

Este queré de nosotros
ha de meté mas ruío
que un día e terremoto.

Por cogé la sarsamora
me clabaíto una espina
que hasta er corasón me yora.

Er queré que me mostrabas
era porbito y arena
que el aire se los yebaba.

En una cueba me entré,
salí sacuiendo er porbo,
y eso fue lo que saqué.

Esta chiquiya la quiero,
que se yeba e su gusto;
no se yeba der dinero.

Cuando baya en busca tuya,
los ojitos se me sarten
como granitos e ubas.

En la esquinita te aspero;
chiquiya, como no bengas,
aonde te encuentre te pego.

De que quieras, de que no,
tú entrará en er caminito,
porque te lo mando yo.

Cuando te beo bení,
son jachares pa mi bata
y alegría para mí.

En er simenterio entré,
lebanté una losa negra,
me encontré con tu queré.

Has e bení a buscarme
con el corasón partío,
yorando gotas e sangre.

Es tu queré como er biento,
y el mío como la piera,
que no tiene mobimiento.

Esiendo e buena sepa;
no quiero que por mi causa
ninguna serrana pierda.

Hijito e mala mare:
¿Te acuerda cuando isías,
no te orbiaré por naide?

Esto es público y notorio:
er día que no te beo,
jablo por la caye solo.

Flamenquiya, ¿qué dirías
si yo jisiera contigo
esas malitas partías?

Jarme con los ojos señas;
que en argunas ocasiones
los ojos sirben e lengua.

Le ijo er Tiempo ar queré:
Esa soberbia que tienes
yo te la castigaré.

Has e bibí con la pena
que no has de querer a naide
y yo he queré a quien quiera.

Los ojillos e tu cara,
tan bonitos son e noche
como son por la mañana.

Lo que tú has jecho conmigo,
no lo pagas jecho cuartos
y puesto por los caminos.

Flamenca, cuando te mueras,
la lápida la retraten
con sangresita e mis benas.

La mare que te parió
se merece una corona,
y tú te mereses dos.

Las fatigas de un Dibé,
subí por una escalera
y abajá por un cordé.

Mia qué castigo has tenío;
yo he jecho burla e ti
y tú no lo has conosío.

La berdá, me da coraje:
que la quiera o no la quiera,
eso ¿qué le importa a naide?

Muertesita la encontré;
como la bi tan bonita,
la carita le tapé.

Mar tiro le den que muera
a aquer que tubo la curpa
de que yo t'aborresiera.

Me boy por la calle arriba;
en biendo lo que yo quiero,
der sielo vengan fatigas.

Mira qué tonta es la gente,
que toíto lo que nos pasa
quiere que yo se lo cuente.

En un cuartito los dos,
beneno que tú me dieras,
beneno tomara yo.

Mira qué mala es mi mare;
porque t'estoy manteniendo
me echa la ropa a la caye.

No m'acuerdo si te quise;
lo que m'acuerdo, serrana,
der mar pago que me diste.

Mia que güenas partías:
ando pidiendo limosna
pa tenerte mantenía.

Me tengo e dir a bibí
aonde disen que se gana
la gloria antes e morí.

Me fartaron los testigos:
Señó, yo no la he robao;
eya se bino conmigo.

Meresía esta serrana
que la fundieran de nuebo,
como funden las campanas.

No te pongas colorá;
que en er mejó paño cae
una mancha sin pensá.

Mira si soy buen jitano,
que cuatro reales te doy
de cuatro y medio que gano.

Nenita, yébame al güerto
y dame unos paseítos,
que me estoy cayendo muerto.

Por la leche que mamé,
me da vergüenza er mirarte,
y a ti te dará también.

No igas que m'has querío;
di que has querío a una piera
y en er mar s'ha sumergío.

Ná quiero que me des tú;
de tu santo yo no quiero
ni tampoco la salú.

No siento en er mundo más
que tengas tan mar sonío,
siendo de tan güen metá.

Mira lo que andan jablando;
sin tené naíta contigo,
la bía m'están quitando.

No pierdas las esperansas
jasta que me beas pasá
entre cuatro por tu casa.

Pensaste tené alegría,
y estás bibiendo en er mundo
de la gente aborresía.

No me mire usté a la cara,
que me da mucha bergüensa
de lo que la gente jabla.

Por buscarte a ti el alibio
mira la causa por donde
no me conosco yo mismo.

Premita Dios que te beas
sacando agüita e un poso,
y con er cubo no pueas.

No te quiero por la ropa,
te quiero por tus partías,
que me están gorbiendo loca.

¿Qué quieres que yo le jaga?
Una pena sin alibio
sólo la muerte la acaba.

Ponte aonde yo te bea;
le daré gusto a mis ojos,
ya que otra cosa no sea.

Que te quiero bien lo sabes,
pero no lo comunico
ni contigo ni con naide.

Quítate e mi presensia,
no te baya a suseé
lo que er demonio no piensa.

¿Para qué tanto yobé?...
Los ojitos tengo secos
de sembrá y no cogé.

Por ber a mi mare diera
un deíyo de la mano,
er que más farta me hisiera.

Por Dios, que no lo creía;
que de antes estabas tonta
y ahora estás loca perdía.

Que conbenga o no conbenga,
el hombre para queré
no ha e tené mala lengua.

No me iga osté bonita,
que mi marío es seloso;
la sangre me tiene frita.

Por lo que yo boy mirando,
si no has tiraíyo pieras,
poquito te ba fartando.

¿Qué quieres que yo le jaga?
Ya no puée ser er cuerbo
más negro que son las alas.

No igas que no me quieres;
no me pongas de manera
que hasta der sielo reniegue.

¿Qué quieres tú e mi cuerpo?
¿Quiere que te dé mi sangre,
y me quée sin alimento?

¡Qué lástima será er be
la gachí que uno camela
camelando a otro gaché!

¡Qué grande es la pena mía,
que me he caío en un poso
y no encuentro la salía!

¿Qué quieres tú que yo tenga?
Que te busco y no te encuentro;
me ajoga la pena negra.

¿Que por lo que quieras pase?...
He repasaíto mis libros;
me tiene cuenta dejarte.

No me bengas con belenes,
que me pones la cabesa
como molino que muele.

¡Quién lo había e desí,
que una cosita tan durse
tubiera amarguito er fin!

Que se pique e cangrena
la boca con que me riñes,
la mano con que me pegas.

¿Qué más quieres que te iga,
si er corasón por la boca
se me sale e fatiga?

No yores, que es tontería;
nunca pasé yo una pena
mientras mi mare bibía.

Quisiera que te emplearas
con otra mejó que yo
y de mí no t'acordaras.

Anda que te den un tiro;
nunca yuebe como truena;
con esa esperansa bibo.

Yo no sé lo que me pasa
cuando me acuesto contigo
y me píes pa la plasa.

Serrana, ensiende una lú,
que traigo una sacramenta
que a Dios le yamo e tú.

Soleá del arma mía,
tanto te quiero e noche
como te quiero e día.

Esa mujé está sembrá;
ba erramando mosquetas
por donde quiera que ba.

Siéntate y ponte a pensá
las horitas que has gastao
en jaserme charranás.

Estaba siego y no bía:
ya se me cayó la benda
que tan siego me tenía.

Si no te bienes conmigo,
jaste cuenta que has cobrao
en la tierra un enemigo.

Esta serraniya perra
me está jasiendo pasá
er purgatorio en la tierra.

¿Sabe a lo que m'atermino?
A ejá mi pare y mi mare
y a guiyámelas contigo.

Siempre te lo estoy dijendo,
que no me mande papeles,
y tú siempre está escribiendo.

Se lo ije a mi mamá;
que me meta en el hespisio,
que no quieo yo trabajá.

Si m'has e da malos ratos,
más bale que m'aborrescas
y que no me quieras tanto.

Si er queré que puse en ti
lo hubiera puesto en un perro,
se biniera etrás e mí.

Si tú tubieras bergüensa,
no pasaras ni miraras
los umbrales e mi puerta.

La noche del aguacero,
dime: ¿con quién te tapaste
que no te mojaste el pelo?

Si es que osté escribe, yo no;
lo que s'escribe quea siempre,
y lo que se jabla no.

Te bas y me ejas perdía,
pero no de toíto er mundo:
de tu lengua mardesía.

Tengo yo un doló contino;
que igo que no te quiero
y e noche sueño contigo.

Tanto como te quería,
y ahora no te pueo be
por tu lengua mardesía.

Tú te tienes e queá
señalando con er deo
como se queó San Juan.

Tu queré y mi queré,
aunque lo rieguen con yanto
no puée prebaleser.

Tu cuerpo tenga mar fin;
los cordeles er berdugo
te sirban e corbatín.

Tengo yo un cañaberá,
mientras más cañas le corto
más me quean que cortá.

Te den un tiro y te maten
como sepa que diviertes
a otro gaché con tu cante.

Te pones por las esquinas;
como sabes que te quiero
me jases pasá fatigas.

Tu mare no me quié a mí;
tu mare quiée a la reina;
baya por ella a Madrí.

Tu queré es como er dinero:
anda e duana en duana
jasta que le echan er seyo.

Te lo juro por mi mare,
que si tú caes malita
te doy cardo e mis carnes.

Tu queré lo pongo en dúa,
que tú me vienes jasiendo
las aparensias e Júa.

Tienes mucha fantesía;
paese que tú has pisao
la fló e la tontería.

Te den una puñalá:
pero no, detente lengua,
que la quiero rigulá.

Tengo yo para un sujeto
la cajita y los blandones,
sirios y acompañamiento.

Tú me tienes consumía,
como las salamanquesas
por los rincones metía.

Te den una puñalá;
tóo er mundo e ti consigue,
yo no pueo conseguí ná.

Te quiero como si fueras
hija e un corregió,
siendo probe sigarrera.

¡Tu queré cómo m'ha puesto,
que con un aguamaní
me están dando el alimento!

Tengo yo un poso en mi casa,
y yo me muero e sé
poique la soga no arcansa.

Te lo he icho barias beses,
que me he portao contigo
mejó que tú te mereses.

Tengo más poé que Dios,
poique Dios no te perdona
lo que t'é perdonao yo.

Toa la noche sin dormí
sentaíyo en mi petate
y acordándome e ti.

Tiro er dinero mil beses;
el hombre que está queriendo
jasta er dinero aborrese.

Tu cuerpo es una custodia,
toíto yeno e escalones
para subí a la gloria.

Tengo una estampa en er pecho;
cuando m'acuerdo e ti,
saco la estampa y la beso.

Te den una puñalá
que er Pare Santo e Roma
no te la puea curá.

Una nochesita e luna
he bisto ar seporturero
cabando mi seportura.

Ven acá, mujé, no jables,
que has tenío nueve meses
dentro e tu cuerpo mi sangre.

Vente conmigo y jaremos
una chosita en er campo
y en eya nos meteremos.

Vas pagando lo que debes:
por tus chunguitas partías
naide en er mundo te quiere.

Voy como si fuera preso;
etrás camina mi sombra,
elante mi pensamiento.

Vente conmigo a mi casa,
que yo le diré a mi mare
que eres la Birgen e Grasia.

Vente conmigo a la buena
y entre los dos pasaremos
las fatigas y las penas.

Valientemente, serrana,
muaste e paresé
e la noche a la mañana.

Vente conmigo a un parmá,
yo te cogeré parmitos
y tú te lo comerás.

Voy a pagá lo que debo;
dentro e la seportura
te tengo e estar queriendo.

Ven acá, farso cariño,
¿te acuerdas cuando yorabas
por mi queré como un niño?

Yo m'aparto e tu bera,
poique aquer que a muchas quiere
no puée tené firmesa.

Yo me boy a gorbé loco,
porque una biña que tengo
la está bendimiando otro.

Ya mi cuerpo no cae en cama;
siempre estoy con el oío,
Por be si a mi puerta yaman.

Yo m'arrimé a la paré;
me cayó tierra en los ojos;
por mi mano me segué.

Yo no siento que te bayas,
lo que siento es que te yebes
sangre mía en tus entrañas.

Ya te lo he dicho, María,
que en la casa e los probes
dura poco la alegría.

Yo soy loquito en queriendo,
y en yegando a aborresé
de tu santo no m'acuerdo.

Yo se lo peí a Jesú,
que por su muerte y pasión
me yebe aonde estás tú.

Ya no te jablo en mi bía;
con eso tú acabarás
de jasé charranerías.

Yámame a un jues que me prenda
y que me jeche a un presiyo,
que mi queré no tiee rienda.

Yo metí a la lotería,
m'ha tocao tu persona,
que era lo que yo quería.

Ven acá, serrana triste;
lo que has ganao con otro
ya conmigo lo perdiste.

¡Jesú, y qué fatigas tengo!
Que estoy queriendo de beras
a quien no m'está queriendo.

La bi por la serranía:
¡Pintores no la pintaran
bonita como benía!

Tengo un molino que muele
azúca, canela y clabo:
lo que mi chiquiya tiene.

Anda be y dile a tu mare
que hay quien se yama Rosquiya
y s'está muriendo e jambre.

Cuando boy a confesá,
digo lo que me paese;
nunca digo la berdá.

Yo bibo con l'alegría
que tu ropa y tu persona
con er tiempo han de ser mías.

No quiero que me des ná,
sino que bengas a berme
siempre que tengas lugá.

Er que quiere y luego orbía,
o tiene mardita sangre,
o la bergüensa perdía.

Dise'r mundo y es verdá:
la mujer que quiere a un hombre
jasta er corasón le da.

Er que no tiene parné,
jasta las pícaras moscas
se quieren jiñar en él.

Se murió la madre mía;
ya no hay en er mundo madres:
¡Madre, la que yo tenía!

Benga bino por boteyas;
aquí se quea mi capa;
mi nobia bendrá por eya.

¡Esto sí qu'está gitano!
Que yo t'esté manteniendo
y otro t'esté camelando.

La mardesía e tu mare
te quiere meter a monja...
en un convento de frailes.

Por Dios, que no me deshonres;
que no es delito ninguno
que una mujer quiera a un hombre.

Ya no me jabla'n la caye;
en mí se cumplió er reflán:
Tanto tienes, tanto bales.

Cuando en la caye t'encuentro,
te jago la seremonia,
como si estubieras muerto.

Yo te lo tengo jurao:
dondequiera que t'encuentre
tiene'l entierro pagao.

Anda bete, esaboría;
qu'er renglón qu'a ti te farta
lo tiene la letanía.

Ya se me murió mi mare;
una camisa que tengo
no encuentro quien me la labe.

Yo te quiero más que a Dios:
¡Jesús, qué palabra he dicho!
Meresco la Inquisisión.

Yo te igo la berdá:
si Sebiya fuera mía
yo te diera la mitá.

Anda bete, flamencona;
que no tienes tú la cara
de dormir de noche sola.

Siéntate a la bera mia;
con esto tendrá mi cuerpo
un ratiyo d'alegría.

Ya te se logró a ti er gusto,
que era berme por la caye
bestía e negro luto.

Yo me quisiera morí,
por ber si se m'acababan
estos delirios por ti.

Anda, loca, y ten talento;
qu'estás oliendo a pañales,
y ya quieres casamiento.

Chiquiyo, no me la mientes;
mira que boy a tomá
pórbora con aguardiente.

¡Hijito e mala mare,
criaíto en malas tripas,
regüerto en malos pañales!

Tengo yo mi corasón
moraíto como er lirio,
negrito como er carbón.

Yo no quiero bibí más;
ábrase la seportura;
bibo me quio yo enterrá.

Cuando me siento en la cama,
lágrimas como garbansos
me se ruean por la cara.

Er día que me perdites,
eran mis ojos dos mares
cuando la esparda gorbites.

A yorá yo me ponía,
por be si con mi yantito
e mí te condolesías.

Anda bete e mi bera,
que tienes tú para mí
sombra e jiguera negra.

Naide me tenga doló;
que yo por mis propias baes
m'he buscao mi perdisión.

Compañerita del arma,
si tú tienes compromiso,
¿por qué no me esengañas?

¡Esto sí qu'es cosa grande!
Tirar chinitas al agua
y sartar gotas e sangre.

Anda bete, que no quiero
a esoras e la noche
darle un cuarto ar pregonero.

Tu mare forforiyera,
y tu pare esquilaperros,
¡baya una gente fulera!

SEGUIRIYAS GITANAS

Cuando yo me muera
mira que te encargo
que con la sinta e tu pelo negro
m'amarren las manos.

Por esos munditos
me yaman er loco;
ar que tiene la curpa e mis males
yo bien lo conosco.

Compañera mía,
mira por quererte,
cómo me beo aborresiíto
de toíta mi gente.

No soy d'esta tierra
ni en eya nasí:
la fortuniya, roando, roando,
m'ha traío hasta aquí.

Maresita mía,
¡qué güena gitana!
De un peasito e pan que tenía
la mitá me daba.

Yo no sé por dónde
ni por dónde no,
se me ha liao esta soguita al cuerpo
sin saberlo yo.

No tengas selitos
ni pases fatigas,
compañera mía, que no quiero á naide
mientras tú me bibas.

¡Malhaya er dinero,
que er dinero es causa
que los sacáis de quien yo camelo
no estén en mi casa!

Porque yo me naje
no sientas ni yores,
que ése es er pago, compañera mía,
que damos los hombres.

Subí a la muraya
me respondió er biento:
¿Pa qué bienen tantos suspiritos
si ya no hay remedio?

M'asomé a la puerta
por be si benía
la compañera e las mis entrañas,
e buscá la bía.

Ime con quién andas
te iré quién eres;
como tú anda con malas presonas,
malito tú eres.

Maresita mía,
yo no sé por dónde
al espejito donde me miraba
se le fue el asogue.

Le ije a la luna
del artito sielo,
que me yebara siquiera por horas
con mi compañero.

Un día por berte,
inero yo daba;
compañerita, ahora por no berte
güerbo yo la cara.

Jerío e muerte,
caío en er suelo,
que Dios se lo pague á los sordaítos
que m'arrecogieron.

A la muerte yamo,
no quiere bení;
que hasta la muerte tiene, compañera,
lástima e mí.

Ar venir er día
yegan mis tormentos;
pero en yegando á las orasiones
recobro el aliento.

Maresita mía,
ígaselo osté;
que tan siquiea una horita ar día
que me benga a be.

Aqueya mañana
que me lo ijeron,
yo reniego e cuantos santos tiene
la tierra y er sielo.

Ar campito solo
me boy a yorá;
como tengo yena e penas el arma
busco soleá.

Anda, compañera,
premitan los sielos
que con er cuchiyo que matarme quieres
mueras tú primero.

Delante e mi mare
no me yores más,
porque me anaqueran mu chunguitamente
cuando tú te bas.

Ar subí la escala,
le ijo ar berdugo,
que le quitara la túnica blanca,
lo pusiea e luto.

Dises que no sientes
un apartamento;
como apartá para siempre el arma
se bea e tu cuerpo.

De cosas pasáas
no quieo yo acordarme;
porque me yora mi corasonsito
gotitas e sangre.

De tu pelo rubio
dame tú un cabeyo,
pa jaserme una caeniya
y echármela ar cueyo.

Tú no duermes sola;
mientes como hay Dios;
con er pensamiento, compañera mía,
dormimos los dos.

No sarga la luna
que no tiée pa qué;
con los ojitos e mi compañera
yo m'alumbraré.

Compañera mía,
no me des más penas,
que yo seré un esclabito tuyo
jasta que me muera.

Nochesita oscura
me dio Dios baló,
pa yebarme á mi compañerita
jasta er panteón.

Oriyas der río
sus penas yoraba;
como eran dos fuentes sus ojitos negros
crecieron las aguas.

Por una bentana
que ar campo salía,
por ayí jablaba con mi compañera
cuando yo quería.

Como la tortolita
te andube buscando,
compañerita, e olibo en olibo,
e ramito en ramo.

Obejitas blancas,
y er praíto berde;
er pastorcito, mare, que las guarda
e ducas se muere.

Con penas m'acuesto
con más m'alebanto;
la curpa tiene mi compañerita,
por quererla tanto.

Corasón e fiera
tiene esta mujé;
como m'ha bisto malito en la cama
no me biene a be.

Cuando biene er día
tengo argún consuelo;
pero en yegando a la nochesita
siego yo y no beo.

Doblen las campanas,
doblen con doló;
que s'ha muerto la mi compañera
e mi corasón.

Er yunque y martiyo
rompen los metales;
er juramento que yo á ti t'ha jecho
no lo rompe naide.

Er reló e la Audensia
acaba e da;
como le ije á mi compañera,
me ban a merá.

Campanita e plata,
mira que no quiero
e que se sepa, compañera mía,
lo que nos queremos.

En el hospitá,
a mano erecha,
ayí tenía la mare e mi arma
la camita jecha.

Hijo e mis entrañas,
hijo er corasón;
como te acuestas te acuestas yorando,
me acostaba yo.

¡Malhaya mi sueño
que tanto he dormío!
Que s'ha guiyao mi compañerita
y no la he sentío.

Penas tiée mi mare,
penas tengo yo;
y las que siento son las e mi mare,
que las mías no.

¡Quién fuea pajarito,
y abriera sus alas!
Yo le contaré a mi compañerita
lo que a mí me pasa.

Si yo lo supiera
que no me querías,
yo renegara e Dios y me fuera
a la Morería.

¡Quién tubiera inero
para mantené
un cabayito de ésos e la posta,
para irte a be!

Sargo e mi casa,
sargo mardisiendo
jasta los santos que están en los cuadros,
la tierra y er sielo.

Siempre en los rincones
te encuentro yorando;
mala puñalá me den, compañera,
si te doy mar pago.

Si esto que me pasa
le pasase a otro,
era cosita e prebelicarse
y gorberse loco.

Muaron los tiempos,
me he muao yo;
aonde no hay escritura jecha
no hay obligación.

Toítas las mañanas
m'alebanto y digo:
er luserito que a mí m'alumbraba
ya no está conmigo.

Si acaso me muero
pago con la bía;
y no sabía ningún serujano
er mar que tenía.

Si supiera er sitio
aonde la enterraron
yo sacara tóos sus güesesitos
para embarsamalos.

Tengo yo una queja
con los artos sielos;
cómo sin frío ni calenturita,
yo me estoy muriendo.

En el arma tengo
un clabo jincao,
como una hijita e una mala mare
me lo ha remachao.

Todos los mis bienes
los pongan en benta;
pero la chaqueta e los alamares
por Dios no la bendas.

Toíto er simenterio
lo traigo yo andao,
la seportura e mi compañera
yo no la he encontrao.

Toítos s'arriman
ar pinito berde,
y yo m'arrimo á los atunales
que espinitas tienen.

¡Bárgame los sielos!
¡Bárgame la tierra!
¡Lo que acarrea un testigo farso
y una mala lengua!

Compañera mía,
yo no sé qué tiene
la yerba buena e tu güertesito
que tan bien me huele.

Ya bienen los frailes,
ya bienen los curas;
ban a yebarse a mi compañera
a la seportura.

Pa los esgrasiaos
han jecho un conbento;
er primerito que ayí se metiere
ha e sé mi cuerpo.

Yo preso en la trena,
malita mi mare;
er que jisiere cariá por eya
mi Dios se lo pague.

Mi ropita bendo;
¿quién la quié mercá?
como la bendo por poquito inero,
pa tu libertá.

D'aqueyos quereles
no quió yo acordarme,
porque me yora mi corasonsiyo
gotitas e sangre.

E noche no duermo,
e día tampoco;
sólo en pensá'n la mía compañera
me güerbo yo loco.

Dil'usté a mi mare
que no yore más;
sino que ande toítos los pasos
pa mi libertá.

A mis enemigos
no les mande Dios
estas duquitas negritas e muerte
que a mí me mandó.

Por mi mala suerte
he benío a dá
con una hija de una mala mare,
jartita e roá.

¿Qué tienen sus ojos,
que cuando me miran,
los güesesitos, mare, e mi cuerpo
tos me los lastima?

Tú me tiés á mí
como San Lorenzo;
achicharrao por un lao y otro
y siempre contento.

Queítos los gorpes;
queítos por Dios:
como está mala la batita mía
der mío corasón.

La mardita lengua
que de mí mormura,
yo la cogiera por ermedio ermedio,
la dejara múa.

Soy desgraciaíto
jasta pa'l andá;
que los pasitos que yo doy p'alante
se güerben p'atrás.

Si en bía no me vengo,
me vengaré en muerte;
como andaré toas las seporturas
jasta que t'encuentre.

COPLAS

Tan imposible lo jayo
de tu queré apartarme,
como escribí en el agua;
de una piera sacar sangre.

Entré en la Sala der Crimen
y le ije ar presiënte:
Si er queré tiene delito,
que me sentensien a muerte.

Si con er mirá te ofendo,
me lo mandas a desí,
yo me sacaré los ojos
pa no darte que sentí.

Toíto er mundo me mormura
porque te tengo a mi lao;
estando los dos a gusto,
toíto er mundo está pagao.

Cuando te beo benî
a lo lejos e una caye,
se le aumentan a mi cuerpo,
más e sien libras e carne.

Más mata una mala lengua
que las manos der berdugo;
que el berdugo mata a un hombre;
una mala lengua a muchos.

Si oyes doblá las campanas
no preguntes quién ha muerto,
qu'a ti te lo ha e desí
tu propio remordimiento.

Jasta los árboles sienten
que se le caigan las hojas;
mira si sentiré yo
que jablen de tu persona.

En er carro e los muertos
ayer pasó por aquí;
yebaba la mano fuera...
por eso la conocí.

Malhaya sea la persona
que a mí me enseñó a queré;
que estaba yo en mi sentío
y ahora me encuentro sin ér.

En er queré no hay bengansa;
tú t'has bengao e mí;
castigo tarde o temprano
der sielo t'ha e bení.

Dies años después e muerto
y de gusanos comío,
letreros tendrán mis huesos
disiendo que t'he querío.

Una mujer fue la causa
de mi perdisión primera:
no hay perdisión en er mundo
que por mujeres no benga.

Por Dios te lo pío, gitano,
por la salú e tu mare;
lo que tú has jecho conmigo
no se lo igas a naide.

Toas las pérdias que yo tenga,
como sean por tu causa,
sabe Dios y toíto er mundo
que para mí son ganansias.

Mucho tengo que isirte,
pero me yamo ar silensio;
harto te igo cayando
si tienes conosimiento.

Pensamiento ¿aónde me yebas,
que no te pueo seguí?
No me metas en paraje
donde no puea salí.

Ar pie e su seportura
de roíyas me jinqué;
las lágrimas e mis ojos
se quejaban ar caé.

A un Dibé le estoy pidiendo
que como me matas mueras;
que te bean mis ojitos
queriendo y que no te quieran.

A tu queré lo comparo
con la luz er montañés;
le dan un soplo, la apagan,
y otro la güerbe a ensendé.

Manque en una cruz te pongas
bestío e Nasareno,
Y pegues las tres caías,
en tus palabras no creo.

A la reja e la carse
no me bengas a yorá;
ya que no me quites ducas,
no me las bengas a da.

Átame con un cabeyo
a los bancos e tu cama,
que aunque el cabeyo se rompa
seguro está que me vaya.

Aquer que tenga familia
que no jable mar de naide,
porque está expuesto en er mundo
a que de la suya jablen.

Compañera, no más penas,
mira que no soy e bronse;
que las pieras se quebrantan
a fuersa e muchos gorpes.

Como sabes que no beo,
me bas poniendo con maña
chinitas po los caminos
pa que trompiese y me caiga.

Yo soy como aquer nabío
cuando lo están carenando;
mientras más gorpes le dan
más firme se ba queando.

¿De qué te sirbe que jagas
conmigo malas partías,
si no te cabe en er cuerpo
la sangre que tienes mía?

Cuando se ben en la caye
personas que s'han querío,
se les múa la coló
y se les quita er sentío.

Naide s'arrime a mi cama
que estoy ético e pena,
y ar que muera e mi má
jasta la ropa le queman.

Pa que yo te orbíe a ti,
tengo e be dos señales:
o s'han e jundí los sielos,
o s'han e secá los mares.

Ojos míos, no yoréis;
lágrimas, tener pasensia;
que er que ha e sé esgrasiao
dende pequeñito empiesa.

Por agrabios que me jagas
de ti no me bengaré,
porque te bale er sagrao
de haberte querío bien.

Der sentío prebelico,
y si en la caye te encuentro
mobimiento jase el arma
pa esapartarse der cuerpo.

Cuando paso por tu puerta
y no me ises adiós,
ni las ánimas benditas
pasan más ducas que yo.

Por onde quiera que boy
parese que te boy biendo;
son las sombras del queré
que me bienen persiguiendo.

Quien cante teniendo penas
como las que tengo yo,
ése es menesté que tenga
serdas en er corasón.

Si los muertos se sacaran
a fuersa e balentías,
yo sacaría a mi mare
manque perdiera la bía.

Para que Dios te perdone
er mar pago que m'has dao,
tiene que gorbé su hijo
a redimí tus pecaos.

Aunque'n mil años no güerbas,
yo seré como la mimbre,
que la bambolea'l aire,
pero se mantiene firme.

Aquer que tenga peniyas
benga a reunirse conmigo,
a ber si yorando sangre
tenemos argún alibio.

Toíto er mundo me dise
que te orbíe y no te quiera,
y yo le digo a tó er mundo:
—Cuando me coma la tierra.

Aunque pongan en tu caye
cañones de artiyería,
er que se puso a queré,
se puso a perdé la bía.

Ni er Pare Santo de Roma
jisiera lo que yo he jecho:
dormí contigo una noche
y no tocarte a tu cuerpo.

Arrepentía m'eché
a los pies d'un confesó;
me dijo que t'orbidara;
como un insurto me dio.

Déjalos que digan, digan,
y de mí formen historia;
qu'er que se muere queriendo
se ba erechito a la gloria.

¿De qué la sirbe a tu mare
echar yabe'n er corrá,
si t'has de bení cormigo
por la puerta prensipá?

Arcarrasa de tu casa,
chiquiya, quisiera sé,
para besarte los labios
cuando fueras á bebé.

¿Cuándo querrá Dios der sielo
que yo t'encuentre en la caye,
y te diga: —Mira, oye,
¿dónde pusiste la yabe?

Cuanto más jondiyo un poso,
más fresquita sale el agua;
cuanto más apartaítos,
más firme'stá mi palabra.

Argún día querrá Dios
que la Pascua caiga en biernes,
y la luna en tu tejao,
y yo en la cama en que duermes.

Yo me cojo a las raíses
qu'están ebajito e tierra,
y a las ramas no me cojo
porque'r biento se las yeba.

Tienes los ojiyos grandes
como pieras e molino,
y parten los corasones
como graniyos e trigo.

Manojitos de arfileres,
chiquiya, son tus pestañas,
que cada vez que me miras
me los clavas en el arma.

Anda be y dile a tu mare,
que si te quiere bendé,
en la mano'stá'r dinero
y en la puerta'r mercaé.

Yo no sé lo que m'has dao
que no te pueo orbiá;
parese que estás tocao
con la piedresita imán.

Alza la voz, pregonero,
y apregona que en el río
no hay agua para apagá
un corasón ensendío.

Con un pie en la seportura
y otro en la mesmita bera,
yo te tengo é queré
aunque tú a mí no me quieras.

Er queré quita er sentío
y borra'l entendimiento;
balentías jase un hombre
con sujetarse a sí mesmo.

Si después que me muriera
tú m'habías e yorá,
por una lágrima tuya
me dejaba yo matá.

Cuando yo esté'n la agonía
siéntate a mi cabesera;
fija tu bista en la mía,
y puá sé que no me muera.

Anoche ensoñé un ensueño;
¡ojalay fuera berdá!
Que t'estaba desatando
la sinta der delantá.

Toítas las arañas negras
qu'están metía'n sus níos,
me pique'n er corasón,
si mi queré es fingío.

Jasta que no t'emborrachas
no bienes en busca mía;
ojalay te emborracharas
toítas las horas der día.

Murayas quieren ponerme
para que yo no te bea;
por er monte más espeso
abren mis ojos berea.

Ar pie de la seportura,
ya para echarme o no echarme,
bino la muerte, y no púo
de tu querer apartarme.

Sentensiao estoy a muerte
si me ven jablá contigo;
ya pueen los mataores
aprebenir los cuchiyos.

Quiéreme tú a mí, hermanita,
que primero fartará
Ponsio Pilatos der Creo,
que yo orbíe tu amistá.

Si er queré bien es delito,
yama a un jues pa que me prenda
y que me yebe a la carse,
qu'en mi queré no hay ermienda.

Er que bino siego ar mundo
sin la esperansa de ber,
no tiene tanta peniya
como er qu'ha bisto y no be.

Arroyo, no corras más,
mia que no has de ser eterno;
que t'ha de quitá er berano
lo que t'ha daíto el ibierno.

Cuando tú estabas malito,
sobre tu cama me echaba;
con lágrimas e mis ojos
tu carita la regaba.

Er libro de la esperensia
no le sirbe al hombre e ná;
¡tiene ar finá la sentensia;
y nadie yega ar finá!

Cuando se muere argún probe,
¡qué solito ba el entierro!
Y cuando se muere un rico,
ba la música y er clero.

El agüita que s'errama
naide la pue recogé;
ni er jumo que ba po'l aire,
ni er créito d'una mujé.

Cada bes que considero
que me tengo que morí,
tiendo la capa en er suelo
y me jarto de dormí.

M'han dicho que estás malita
y a Dios le pío yorando
que me quite la salú
y a ti te la baya dando.

¡Suerte negra, suerte perra
la suerte de la mujé,
que lo qu'el arma le píe
se lo prohíbe el debé!

En este mundo reondo
quien mar anda mar acaba;
y en casa der jabonero
er que no cae, resbala.

A naide l'he dicho yo
qu'he d'orbiar tu queré,
porque si me dan duquiyas,
no sé si te buscaré.

Estamos en un mundiyo
tan yeno de indiniá,
que no tenemos más honra
que la que nos quieren dá.

Er que no tiene parné
con er biento es comparao;
que tos le juyen er burto,
por temor d'un resfriao.

El amor es un bichito
que por los sacáis se mete,
y en yegando al garlochí
da fatiguiyas de muerte.

¡Probe der que se ba lejos,
que naide s'acuerda d'é!
porque'r corasón orbía
cuando los ojos no ben.

Yo crié un cuerbo chiquito,
con intensión que bolara;
pero luego me sacó
los ojitos e la cara.

El hombre que no s'aflige
cuando yora una mujé,
ni ha conosío a su mare
ni sabe lo qu'es queré.

Yo he bisto a un hombre bibí
con más e sien puñalás,
y aluego lo bi morí
con una sola mirá.

Mientras más jondiyo un poso,
más tarde la soga arcansa;
amantes que s'han querío
nunca pierden la esperansa.

De los sabios d'este mundo,
aquer que supiere más
métélo tú en er queré,
lo berás prebelicá.

Quítate esa manteyina,
que te quiero ber er pelo;
que para ber una imagen
primero se escorre'r belo.

Yo conosí a un hombre e bien
tan cabá como er reló,
y se metió en er queré,
y en un hespitá murió.

Ar regorbé d'una esquina
dos puñalaítas me dieron;
con er fuego de tus ojos
templaíyo estaba l'acero.

Mare, no es usté mi mare,
que si usté mi mare fuera,
echaría un empeñito
y de la cárcel saliera.

Antiguamente eran durses
las agüiyas de la má,
pero escupió mi gitana
y se gorbieron salás.

Eres un grano d'esencia,
y m'arbiertes lo que inoro:
que contra más guardaíto,
más reluciente'stá el oro.

Er día que tú nasites
las campanas reoblaron,
las sepolturas s'abrieron,
los muertos resusitaron.

Bendita sea tu casa
y'l arbañí que la jiso:
que por dentro'stá la gloria
y por fuera'r paraíso.

Al arto sielo subí,
jise escritura con Dios
qu'er día que tú te mueras
me tengo de morir yo.

La gachí que yo camelo
se l'antojao una estreya,
y estoy fabricando un globo
pa subí ar sielo por eya.

Andas disiendo, chiquiya,
que mar tirito me den,
y las fatigas t'ajogan
er día que no me bes.

Toma, gachí, estas dos jaras;
díñasela'r libanó,
pa que ponga en los papires
de que no abiyelo yo.

Me preguntas si te quiero,
y las fatigas m'ajogan;
yo t'estoy queriendo a ti
como a mi mesma persona.

Der Pare Santo de Roma
espero la excomunión,
porque sabe que yo he dicho
que te quiero más que a Dios.

Ar barquiyo que'n er mar
está pegando baibenes,
tengo yo comparaíta
la boluntá que me tienes.

Como los toriyos brabos
tienes, gitana, el arranque;
sólo t'acuerdas e mí
cuando me tienes elante.

¿Cómo quieres que en ti ponga
una firme boluntá,
si eres benta de camino
que a todos les da posá?

Si arguien hubiera en er mundo
que la libertá me diera,
me echara un jierro en la cara
y esclabito suyo fuera.

Ayer pasé por tu caye
y te bide'n er barcón;
siempre que se mira'r sielo
se be la grasia de Dios.

Gitaniya como yo
no la tienes d'encontrar,
aunque gitana se güerba
toíta la cristiandá.

Los ojitos de mi cara
los he perdío por ti,
y asín que m'has bisto siego
t'estás burlando de mí.

Estas rejas son de bronse,
y estas paderes de piera;
mis amigos son de vidrio:
por no quebrarse no llegan.

Ar pie del armendro estube
y no le cogí la fló,
y asín que m'arretiré,
otro yegó y la cogió.

Te tengo comparaíta
con las pieras e la caye,
que las pisa toíto'r mundo
y no se quejan a naide.

Chiquiya, ¡balientemente
te dio Dios sabiduría!
una palabra que jablas
bale por dosientas mías.

Cuando te bide bení
le dije a mi corasón:
—¡Qué bonita pieresita
pa pegar un tropesón!

Jasta la sinta der pelo
se la di a la carselera,
por una taya de agua
y un ascuita de candela.

Ar regorbé d'una esquina
te bi la primera bés,
y desde'ntonces te beo
manque no te quiera bé.

Déjame, prenda, por Dios,
platicar, aunque sea pobre;
que un grillo vale dos cuartos,
y con todo, se le oye.

La pena d'un siego es grande,
que no be por dónde ba;
pero más grande es la mía,
que no sé tu boluntá.

Ar que m'estorba quererte
en tu caye mataré;
si bes ar salí una crú,
no preguntes por quién es.

Disen que m'has de yebar
a bibir a una montaña;
yébame donde tú quieras,
qu'er queré toíto lo ayana.

Mardita sea la carse,
seportura d'hombres bibos,
donde se amansan los guapos
y se pierden los amigos.

En la carta que escribí
argunos borrones fueron:
no m'eches la curpa a mí;
son lágrimas que cayeron.

Cuando bayas a la iglesia,
ponte un belito'n la cara;
que los santos, con ser santos,
de los artares se bajan.

Aunque'stoy en er presiyo
por tus malitos quereles,
más ganita e berte tengo
que salí d'estas paderes.

Tengo yo mi corasón
dentro del cuerpo quemao,
porque me dise la gente
qu'á los perros t'has echao.

Si tú tubieras bergüensa
y tubieras garlochí,
te se cayera la fila
cuando pasas por aquí.

Andas jugando conmigo
como quien juega ar biyá,
y he de jasé una contigo
que tiene de ser soná.

Como gayinita muerta
que ruea en los mulaares,
te tienes que be, serrana,
sin que te camele naide.

Jasta los hombres más guapos
toítos se güerben chiquiyos,
cuando ensima del ayunque
se le remachan los griyos.

Considera por ti propio
y ponte tú a carculá,
si tú con otro me bieras,
qué t'habías de pensá.

¿A qué tienes esos clisos
siempre pa'r suelo mirando,
si eres capás e sacarle
los dientes a un ajorcao?

Tú has jablaíyo mar de mí;
yo de ti no he dicho ná;
que las campaniyas suenan
según tienen er metá.

Me puse'ajondar un poso
con mucho gusto y plasé;
me salió amarguita'el agua,
l'eché tierra y lo segué.

Mientras más jables, más pierdes;
qu'eres como las gayinas,
que se ponen a escarbá
y s'echan la tierra ensima.

En argún tiempo era yo
de tus paeres simiento,
y ahora soy un esconchao
que se cae con er biento.

Yo tenía una biñita,
la poaba y la cababa,
le daba su laborsita,
¡y otro me la bendimiaba!

Premita Dios que te beas
en un hespitá rabiando,
y no tengas más consuelo
qu'er que yo te baya dando.

Bestía de negro luto
t'he de ber por esas cayes,
y t'has de jincá e roíyas
pa que me pare y te jable.

Si la Inquisisión supiera
lo mucho que t'he querío
y er mar pago que m'has dao,
te quemaban por judío.

Pieresitas e la caye
se güerban granos e sá
y me caigan en los ojos,
si yo te güerbo a mirá.

Biendo que no me querías
compré un aborresimiento,
y jise tan güen mercao
que t'aborresí ar momento.

Entre la hostia y er cális
a mi Dios se lo pedí:
¡Que t'ajoguen las fatigas
como m'ajogan a mí!

Tú te fuiste por tu gusto;
naide t'ha echao a la caye;
ahora pa jablá cormigo
nesesitas memoriales.

Aquer que tubo la curpa,
mare, de mi perdisión,
a cachitos se le caigan
las alas der corasón.

Como corderiyo manso
m'has de benir a buscá,
como el agua busca ar río
y er río busca a la má.

Yo estoy perdía y m'alegro
de berte perdío a ti;
y otro perdío s'alegra
de berme perdía a mí.

Yo no te quió a ti pa ná;
te bienes jasiendo grande,
y eres la piera más chica
que yo trompieso en la caye.

Anda, bete; corre, bete,
que ya se me fué'l amó;
quien s'ha comío la yema
que se coma er cascarón.

El hombre para ser hombre
nesesita tres partías:
jaser mucho, jablar poco,
y no alabarse en su bía.

Por cositas que me jagas
no me s'arborota er pecho;
las cosas s'han de tomar
conforme son los sujetos.

Ya he lograíyo mi gusto,
qu'era lo que yo quería;
¿qué cuidiao me da a mí
que jagas chungas partías?

A mi triste corasón
las fatiguiyas le ajogan,
y no tiene más descanso
que'r rato que por ti yora.

Anda disiendo tu mare
que yo a ti t'h'entretenío,
¡y te tengo apuntaíya
en er libro del orbío!

Camisita de mi cuerpo,
ya no te labas con agua;
que te labas con er yanto
que mis ojiyos erraman.

Corasón mío, no yores
ni te muestres afligío;
que lo que ha sío y no es,
como si no hubiera sío.

A la mar fueron mis ojos
por agua para yorá,
y no tubieron bastante,
y se gorbieron p'atrás.

Yo no m'he muerto de pena,
porque no he sabío sentí;
a mi corto entendimiento
l'agraesco yo er bibí.

Tiro piedras por la caye;
ar que le dé que perdone;
tengo la cabesa loca
de tantas cabilasiones.

Todo aquer que dise ¡ay!
es señar que l'ha dolío;
y yo digo: ¡Ay, ay, ay,
ay, probe corasón mío!

Corre y dile a esa mujé
que a mí no me traiga en boca,
que una bes que le di un beso
por poco se güerbe loca.

Si las lágrimas que yoro
se me gorbieran ladriyos,
enmedio der mar salao
jisiera un fuerte castiyo.

Soy una pobre donseya
que no me meto con naide,
y por mor de malas lenguas
tengo mi honor en el aire.

¿Cómo quieres que la orbíe,
si le he dado tantos besos
como yeba un relicario
cuando va de pueblo en pueblo?

En er mundo no s'ha bisto
mujé de mi caliá;
que tengo er semblante alegre
y la sangre achicharrá.

Tendío sobre una estera,
vestío con la mortaja,
si te viera entrar a ti,
de fe que resusitaba.

Los pasitos que yo doy,
¡qué murmuraítos son!
¡Cuántos tropiesan y caen
y no los murmuro yo!

Jise un joyito en l'arena
y enterré mi pensamiento;
por no descubrirme a naide,
martirio le di a mi cuerpo.

Fui sirguero desgrasiao,
qu'apenas salí der nío
me cogieron los muchachos;
por dos cuartos fui bendío.

¡Bárgame un Dibé, que tengo
ojitos e beríera!
aondequiera que los pongo,
biene'er biento y me los quiebra.

Por entre espinas y abrojos
descarso m'atrebo a entrá,
por quitarle los enojos
y gorber a tu amistá.

No sé qué l'he jecho a Dios,
que toíto me sale'n contra;
que me tiro d'una oreja
y no m'arcanso a la otra.

Por ti y por mí lo dijeron,
qu'ar cabo e los años mir
ban otra bes las agüitas
por donde solían dir.

¡Qué amariyita qu'estás
y qué yenita de ojeras!
Yo te gorberé a queré,
que no quiero que te mueras.

Premita Dios de los sielos
que te güerbas'acordá
de la que te quiere tanto
como los peses ar má.

Me mandaste una carta
con una sintita asul;
no quiero carta ni sinta,
que quiero que bengas tú.

Por consejos que m'han dao
no m'han podío bensé,
y tú con uno tan sólo
t'apartas de mi queré.

Ben acá, mala gitana,
¿qu'es lo que quieres de mí,
si ando pidiendo limosna
pa que ná te farte a ti?

Hay quereles de capricho,
hay quereles de ilusiones,
hay quereles que s'arquilan
como las habitaciones.

Quiero gosar de mi tiempo,
supuesto qu'ahora me bale;
Porque'r día de mañana,
ése no lo ha bisto naide.

¿Qué quieres que yo le jaga
lo que remedio no tiene?...
Aguanta como yo aguanto
y benga lo que biniere.

Unos ojos negros fueron
causa de mi enfermeá;
no quiero más ojos negros,
que me tiran a matá.

Si supiera o entendiera
qu'er só que sale te ofende,
con er só me peleara,
aunque'r só me diera muerte.

De noche me sargo ar campo,
y en er sitio aonde me siento
jasta las yerbas que piso
se secan de sentimiento.

¡Ay, carse, qué mala eres!
¡Siempre te maldesiré!
Entré sin pelo de barba
y capuchino saldré.

En la soledá der campo
me puse a yorar mis penas,
y fue tan grande mi yanto
que floresieron las yerbas.

Señor alcarde mayor,
no prenda usté a los ladrones,
porque tiene usté una hija
que roba los corasones.

Cualesquiera que me biere,
dirá que no siento ná;
la carnesita e mi cuerpo
a peasitos me se ba.

Anda bete con er mundo,
qu'er mundo te dará er pago;
que también er mundo arregla
ar que anda desarreglao.

Ábreme la seportura,
que me quió yo meté dentro;
que una mujé'sgrasiaíta
la comparo con los muertos.

Envidia tengo a la tierra,
y también a los gusanos
que se tienen de comer
ese cuerpo tan gitano.

De los güesos de mi cuerpo
tengo d'haser una crus
y m'he d'enclabar en ella,
pa que Dios te dé salú.

Toíto er mundo traigo andao
buscando tu bienestá,
y a una puerta no m'arrimo
que no esté clabeteá.

S'acabaron mis purmones;
no los pueo reponé;
estoy ética y me muero
por causa de tu queré.

Er sielo se bistió e luto;
la tierra s'echó a temblá;
las campanas reoblaron;
¡muera quien mar pago da!

Arbolito, te secastes
teniendo'l agüita ar pie,
en er tronco la firmesa
y en la yemita er queré.

A l'Audensia ban dos pleitos,
uno berdá y otro no;
la berdá perdió el juísio,
qu'er dinero lo mandó.

Compañerita der arma,
¡qué penita pasa aquer
que tiene el agua en los labios
y no la puede beber!

Una granaíya abierta
fue la causa de mi má;
sin habérmela comío,
me la jisieron pagá.

Cuando t'encuentro en la caye
er sentío me se quita
y m'agarro a las paeres,
jasta perderte de bista.

Gitana, si te murieras...
¡Pero más bale que no!
Las gitanas s'asombraran
der luto qu'echara yo.

M'han dicho qu'estás malita,
chiquiya, y que ya t'has muerto;
yo te resusitaré
con er caló de mi pecho.

Cuando te beo bení
jasta'l arma se m'alegra;
no te sargo a resibí,
por mó de las malas lenguas.

A mi corasón l'han dao
jier y binagre a bebé,
y con gusto lo ha tomao
por no dejá tu queré.

Si con bendé yo mis carnes
tubiera alibio tu pena,
a la bos der pregonero
por las cayes se bendieran.

No porque t'haigas casao
juyas e la bera mía;
yo te tengo e queré
toíto er resto e mi bía.

Si yo tubiera dinero
como tengo boluntá,
po onde quiera que pasaras
te tenía e repicá.

¡Qué lástima será er ber
la prenda que un hombre estima
en manos de otro gaché,
por ser un hombre gayina!

¡Bárgame Dios de los sielos,
qué penosiyo es mi má!
T'estoy queriendo a montones,
y tú no me quieres ná.

Raíses como'l olibo
ba criando mi queré;
más raíses tiene ahora
que cuando lo prinsipié.

Muchas beses yo pensando
en er queré que te tengo,
me yamo a mí y me pregunto
en qué bendrá a parar esto.

Me tienen aborresía
porque sigo tu amistá;
sólo porque ésa es la tema,
te tengo de querer más.

Si yo abiyelara er mando
que un Dibé le dio a la muerte,
yo quitara d'este mundo
ar que m'estorba er quererte.

Porque yo te quiero, disen
qu'estoy loquiyo perdío;
si to'r que quiere'stá loco,
dime quién gasta sentío.

Si se gorbieran luseros
los besitos que t'he dao
paresiera tu carita
un sielesito estreyao.

Anda be y dile a tu mare
que te pele y que te monde,
que te güerba a dá la teta
y que t'enseñe a ser hombre.

Yo no sé lo que l'ha dao
esta chiquiya a mi cuerpo,
que jago por orbiarla
y más presente la tengo.

Escuch'usté, mosa güena,
no gast'usté fantesía;
qu'er carro de la basura
también yeba campaniyas.

Agua menuíta yuebe,
pronto caerán las canales;
ábreme la puerta, sielo,
que soy aquer que tú sabes.

Pa los hombres se jisieron
los griyos y las caenas:
¡Biba to aquer que las sufre
por una cara morena!

Tan imposible la jayo
en ti una mala partía,
como er jaser un bautismo
en tierra de Morería.

Jasta er mueye fuimos juntos
y platicando los dos,
y ¡ayí fueron los lamentos,
cuando eya me dijo adiós!

Premita Dios que te mueras,
y que t'entierren de barde,
y te tapen la carita
pa que no te la bea naide.

Yo no he visto en er mundiyo
mujé de tu naturá:
que por está bien cormigo,
con toíto er mundo estás mal.

Desde que me fi ar serbisio
y que mi tierra dejé,
no pienso más qu'en mi mare
y en la mujé que yo sé.

Si jayara una hechisera
que me quisiera yebar
donde está er bien de mi bía,
yo le pagara el jorná.

Todo el hombre que se casa
se parese ar caracó,
que se echa una casa a cuestas
con más fatigas que Dios.

Yo vivo de lo que como
y bebo lo que me dan,
pero masco argunas cosas
que no las pueo tragá.

Más balía qu'entre cuatro
te yebaran a la ilesia,
que no que otro te gosara
delante de mi presensia.

Anda bete con la otra,
supuesto que l'has querío,
que yo sembraré en mi güerto
la semiya del orbío.

Er juramento mi niña
lo escribió sobre l'arena;
lo que en la arena se escribe
biene'l aire y se lo yeba.

Los ojitos de tu cara
no los güerbo yo a mirá,
porque sé que tienes otra
puestesita en mi lugar.

¡Malhaya de la beleta
qu'está en lo arto e la torre!
biene un aire, biene otro,
y a toítos les corresponde.

Anda bete noramala;
ya m'he cansado d'amarte;
qu' eres faror de retreta
que l' alumbras a todas partes.

Mis ojos fueron testigos
de berte con otro hablá;
si no es berdá lo que digo,
no bea la claridá.

Si yo supiera las pieras
que mi amor pisa en la caye,
las gorbiera der rebés,
que no las pisara naide.

Gitana, si tú me quieres
y me tienes boluntá,
ar gachó que te camela
dile que no güerba más.

Por Dios te pido, bien mío,
que cuando con otra estés,
no le jagas los cariños
que a mí me sueles jasé.

Er que muere sin probá
er queré d'una morena,
se ba d'este mundo al otro
sin sabé lo qu'es canela.

Las estrellitas del sielo
no pueden estar cabales,
porque en su cara mi niña
tiene las dos prensipales.

No me armiro que seas mala,
porque te biene d'herensia;
que a ti te dan tentasiones,
como ar judío en la ilesia.

Yo soy gitanito puro
por tóos los cuatro costaos;
si tengo malas partías,
de ti me s'habrán pegao.

Por ti abandoné mis hijos;
mi mare loca murió;
ahora m'has dejao tú...
¡No tienes perdón de Dios!

Mira que no soy de aqueyas
que ban por los olibares,
con er pañuelo en la mano
yamando a los melitares.

En la pila der bautismo
comensó nuestra amistá:
¡Quién había e desí
que s'había d'acabá!

Ya yo he caío en desgrasia;
¿qué le tenemos d'hasé?
Santitos que yo pintara,
demonios tienen que sé.

Espinita grande era
la que le saqué ar león;
siendo fiera me lamía;
¡mira si lo agradesió!

Aquer que tiene peniyas
se le conose en la cara;
a mí las mías m'ajogan
y naide me las pinchara.

Pierde el perro y pierde el pan
quien da pan a perro ajeno;
yo no te he dao a ti el pan,
pa no perdé más que el perro.

Yo quise pesá mis penas,
pero ya no púo ser;
por más que yo la buscaba
la pesiya no encontré.

Camino de no sé dónde,
van mis suspiriyos tristes;
como ban en busca tuya,
no hay mata que no registren.

A tu queré lo comparo
con los días del inbierno;
ya se nubla, ya s'aclara,
ya yuebe, ya jase güeno.

Yo digo que no hay locura,
porque si locura hubiera,
amarrao a una coluna
mi cuerpesito estubiera.

Tengo una pena cormigo
que a naide se la diré;
lo jondiyo de mi pecho
su seportura ha de sé.

No presumas cosas malas
aunque me bes amariya:
son ducas der garlochí
que me salen a la fila.

Anda be y dile a tu mare,
si me despresia por probe,
qu'er mundo da muchas güertas
y ayer se cayó una torre.

Lo mismito que aquer perro
que anda siempre por la caye
buscando güesos que tiran,
has de andá tú por buscarme.

De lejiyos que te bea
me s'alegra er corasón;
donde se jiso candela,
siempre senisa queó.

Mira por tus alabansas
er castigo qu'has tenío;
er que más jabla más pierde,
como a ti t'ha suseío.

¿Quieres que m'esté cayá
y a mi lengua l'eche un núo?
Son tus cosiyas capases
de jasé jablar a un múo.

Tu mare no ha sío güena;
tú tampoco lo serás;
de mar trigo, mala harina;
de mala harina, mar pan.

Aunque me bes chiquitita
y tú tan arto te bes,
no pienses que soy escoba
que cormigo has de barré.

Por interés der dinero
te fuiste de la cabeza;
dijistes qu'eras gitana;
te gorbistes montañesa.

Er tambó es tu retrato;
que mete mucho ruío,
y si se mira por dentro
s'encuentra qu'está basío.

¡Ay, por Dios, que eso es matarme;
eso es quitarme la bía;
eso es echarme a la caye
como cosiya perdía!

¿Cómo quieres que te quiera,
si siempre m'estás pegando,
como si mi cuerpo fuera
de pieresiya de marmo?

Anda ve y dile a tu mare
que no jable mar de mí;
que pérdias y ganansias
toítas caerán sobre ti.

¿Tienes baló, compañero,
d'orbiarme a sangre fría,
cuando se le toma ley
a un perriyo que se cría?

Jasta er corasón me duele
de rogarte por la pas,
y aluego me píes tregua,
dempués e la guerra armá.

¡Contigo y siempre contigo!
¡Contigo jasta er morí!
Pero con tu mare no,
que ha jablaíyo mar de mí.

Ahora que soy el ayunque
me presisa el aguantá;
si argún día soy martiyo,
bien te puees prepará.

Si porque bes que te quiero
jasta'l habla m'has negao,
¡anda con Dios, compañera,
qu'er mundo no s'h'acabao!

Son tan grandes mis fatigas,
que me tirán a ajogá;
se siguen unas a otras
como las olas der má.

No sé cómo ya no estoy
con caenas amarrao
mardisiendo mi fortuna,
ar paraje qu'he yegao.

Tiene'r corasón más negro
qu'er cuerbo tiene la pluma;
que a un hijito e tu sentrañas
l'has tiraíyo a la Cuna.

Como pases por mi puerta
y m'eches una mirá,
si tienes sangre en las benas,
te tiés qu'echá a yorá.

¿Con qué ojitos me mirastes,
que tan bien te paresí
y tan pronto me orbiartes?
¿Quién t'ha jablao mar de mí?

Dentro der pechito tengo
un entierro bien formao:
mi corasón es el muerto;
tu querer me lo ha matao.

¿De qué te sirbe, chiquiya,
que te pases sin jablarme,
si las fatigas t'ajogan
y has de benir a buscarme?

Grande facurtá te di
en haberte daíto er mando,
y ahora me beo, compañera,
castigaíto e tu mano.

Siéntate y ponte a pensá
lo mucho que t'he querío,
y horas tendrás en la noche
que te se borr'er sentío.

Ben acá, mala flamenca,
¿no t'ha quedao en er cuerpo
una gotiya e sangre
que te jaga mobimiento?

Manque me vea en dos palos,
y un capuchino a los pies,
y una soguiya ar pescueso,
yo siempre te he de queré.

Cuando me siento a la mesa
y en ti me pongo a pensá,
tiro er pan y la comía
de fatigas que me dan.

Dises que no me puees bé;
er remedio está en tu mano;
dondequiera que me bieres
jarme la crus como ar Diablo.

Premita Dios que te beas
aborresía y queriendo,
y que las ducas te roan
las entrañas de tu cuerpo.

Anda disiendo tu mare
qu'eres tú mejó que yo;
y ni eya que t'ha parío,
ni er pare que te engendró.

Otras beses, compañera,
pasaba ducas por ti;
pero ha yegaíto el tiempo
que tú las pases por mí.

Esta gitana está loca;
quiere que la quiera yo;
que la quiera su marío,
que tiene la obligasión.

Cuando paso por tu puerta
compro pan y boy comiendo,
pa que no diga tu mare
que con berte me mantengo.

En siertas conbersasiones
t'has puesto y m'has despresiao:
te quisiera preguntar
quién conmigo t'ha brindao.

M'han dicho qu'andas jasiendo
pesquisas de mi linaje:
si tú tienes, yo no tengo
ramiya que me s'esgaje.

Si mi corasón tubiera
berieritas e cristá,
t'asomaras y lo bieras
gotas e sangre yorá.

Ayer tarde salí ar campo
a yorá por mi sentir,
y a un arbo que m'escuchaba
se le secó la raís.

A un Dibé l'estoy pidiendo
que me diñe resistensia;
que para bregar contigo
ya me falta la pasensia.

¡Muchachos, apedrearme;
salir, perros, y morderme;
que una niña d'esta caye
m'ha dicho que no me quiere!

Por farsa y por retrechera,
mis ojitos t'han de bé
e puerta en puerta pidiendo
limosna por un Dibé.

Si las pieras de tu caye
tuvieran conosimiento,
cuando me vieran vení
yoraran de sentimiento.

He pensao, compañera,
de no jablarte'n la bía,
pa que no diga tu mare
que por mí te bes perdía.

¿No hay quien me pegue un tirito
que me parta er corasón?...
Estoy bibiendo en er mundo
con muchísima esasón.

Si la lengua te se seca
con aire de perlesía,
no l'eches la curpa a naide,
que son mardisiones mías.

Mi marío tengo preso;
yo estoy en el hespitá;
er píe por mi salú,
y yo por su libertá.

Me dise mi garlochí
que no publique mis penas:
naide se cuida en er mundo
de las duquitas ajenas.

Si en la muerte descansara,
yo mismo me la daría;
qu'er que nase desgrasiao,
¿para qué quiere la bía?

Er día que tú me quieras
lo mesmo que yo te quiero,
dímelo poquiyo a poco,
porque, de prisa, me muero.

Desirme a mí que te orbíe,
es predicá en desierto,
machacá en jierro frío,
y platicá con los muertos.

Se murió, y sobre la cara
un pañolito la eché,
pa que no tocara tierra
boquita que yo besé.

En la cara te conosco
que me quieres orbiar;
en el Padre nuestro dise:
«Jágase tu voluntá.»

En er sementerio entré;
le dije ar seporturero
si hay un sitio señalao
pa los que mueren queriendo.

Si por esos andurriales
t'encuentras a mi chiquiya,
dile qu'estoy trabajando
pa sacarla de peniyas.

Pensaba la muy tontona,
pensaba que yoraría:
no sabe qu'en la taberna
benden cañas d'alegría.

Si mi mare no me casa
para er domingo que biene,
le pego fuego a la casa
con toíto lo que tiene.

Yo tengo comparaíta
la mujé con er cabayo;
qu'es menesté güen jinete
pa quitarle los resabios.

Si la sangre de los hombres
guisaíta se comiera,
no hubiera mujé'n er mundo
que no fuera cosinera.

Quien de arpargatas se fía
y a mujeres hace caso,
no tendrá un cuarto en su bía
y siempre andará descarso.

La siruela y la mujé
tienen la mesmita farta:
no cogiéndolas a tiempo,
siruela y mujé se pasan.

Cuando salí de mi tierra
s'echó mi agüela a yorá:
—¡Qué lástima de mi niño,
que me lo ban a engañá!

Una bieja bale un duro
y una muchacha dos cuartos;
yo, como soy probesito,
me boy a lo más barato.

Er demonio son las purgas,
que no tienen religión;
s'acuestan con las mosuelas,
lo que no consigo yo.

Con un biscocho d'a cuarto,
y un buchito d'agua fría,
y un beso d'una muchacha,
tiene un hombre su comía.

Una viuda me busca;
por Dios que yo no la busco;
el que se comió la uba,
que se coma los rebuscos.

Disen que m'has de matar
con un cuchiyo d'arrope.
¡Jesús, qué muerte tan durse,
si lo clabas po'r gañote!

Dises que no te conosco,
porque m'hago er tonto y cayo;
júrgame un poco a la ropa
y berás un papagayo.

Yo he bisto ar demonio un día
perder pies po una mujé:
mientras más tuno es un hombre,
más pronto se quean con é.

A mí me yaman er tonto,
porque me farta un sentío;
a ti te farta otra cosa,
que er tonto se l'ha comío.

A mi mujé en la lengua
le mordió un perro rabioso;
enseguía busqué ar perro
y lo atraqué e biscochos.

Ebajo de tu ventana
tengo un ochabo escondío;
no se lo igas a naide,
mira que somos perdíos.

Tengo un marío seloso
que no me deja bibí;
de ese mar que se resela,
de ese mesmo ha de morí.

Ayer tarde m'aserqué
a tu puerta a darte un laso,
y el animar de tu pare
me tronchó d'un estacaso.

Cuando estoy de sentinela
y te pones junto a mí,
me s'orbía la consinia
y me s'ispara er fusí.

El amor de esta gitana
yo no lo pueo entendé;
que un día me quiere mucho,
y otro no me puee ver.

Apaga bien la candela
sin dejá ningún rescordo;
que como sarte una chispa,
jabrá un disgusto mu gordo.

La gachí que yo camelo,
si otro me la camelara
sacara mi nabajita
y er pescueso le cortara.

Premita Dios que te beas
sin chaqueta y sin carsones,
en una jiguera chumba
espantando gorrïones.

Si me s'ajuma er pescao
y desenbaino er cuchiyo,
con cuarenta puñalás
s'arremata el asuntiyo.

No me chifles en la caye
pa que sarga'la bentana,
que si mi pare s'entera
me ba'surrá la badana.

Una nobia tube yo
qu'había pensao dejarme;
yo le partí er pan con tiempo,
antes que le diera jambre.

Anda disiendo tu mare
que s'alegra de mis penas:
¡Ya está metiendo la pata
y otabía no es mi suegra!

Hombre pobre güele a muerto,
a la joyanca con é;
qu'er que no tiene pesetas,
requiescan in pase, amén.

Mientras haya quien te dé,
no pases nesesiá;
harto trabajiyo tenga
er que tenga que cobrá.

Tú no me pagas la casa;
tú no me das de comé;
me bienes pidiendo selos;
¿a fundamento de qué?

SERRANAS

Me dijiste veleta
  por lo mudable;
si yo soy la veleta,
  tú eres el aire.
  Que la veleta,
si el viento no la mueve,
  siempre está quieta.

Nadie ponga su viña
  junto a un camino,
porque todo el que pasa
  corta un racimo.
  Y de ese modo
se la van vendimiando
  sin saber cómo.

El amor que se oculta
  bajo el silencio,
hace mayor estrago
  dentro del pecho.
  Porque sus llamas,
como no hallan salida,
  queman el alma.

Para buscar la dicha,
  valor constante;
nunca se escribió nada
  de los cobardes.
  Pues hay fortunas
que no pueden hallarse
  si no se buscan.

Quien ganar solicite
de amor la palma,
gaste poco cariño,
buenas palabras.
Porque las hembras,
más que cariño, quieren
palabras buenas.

Lo mismo que la sombra
son las mujeres;
huyen del que las sigue,
y al que huye, quieren.
Yo las entiendo:
si me siguen, aguardo;
si huyen, las dejo.

Si un matrimonio riñe,
no metas paces;
quien armó la pendencia
que la desarme.
Que en tales riñas,
con lo que al uno amansas
al otro irritas.

El que quisiere amando
vivir sin pena,
ha de tomar el tiempo
conforme venga.
Quiera querido,
y cuando le desprecien,
haga lo mismo.

Es la mujer lo mismo
que leña verde;
resiste, gime, llora,
y al fin se enciende.
Luego encendida,
ni resiste ni llora,
sino suspira.

Si los ojos callasen
lo que los labios,
algunos encubrieran
más sus cuidados.

Mas son ventanas
los ojos, y por ellas
se asoma el alma.

Las mujeres de ahora
son como libros,
que por nuevos se compran
y están leídos.
Y muchos de ellos,
estando remendados,
pasan por nuevos.

Se parecen las liebres
a las muchachas,
en que las corren unos
y otros las cazan.
Aunque hoy sucede
correr los cazadores
más que las liebres.

Los celos y las olas
hacen a una,
que parecen montañas
y son espumas.
Y olas y celos,
se aplacan al instante
que cambia el viento.

Aunque algunos autores
lo contradigan,
los primeros amores
son los que privan.
Si no se logran,
siempre quedan impresos
en la memoria.

Yo me hallé en el entierro
de una que amaba;
murió la pobrecita
desesperada.
Y en el entierro,
su mismo desengaño
sirvió de duelo.

Es el amor un libro
que al primer folio
todos son sobresaltos,
sustos y asombros.
Pero en llegando
a las hojas de enmedio,
ya no hay cuidado.

No murmures de nadie
aunque mal vieres;
date una vuelta y mira
lo que tú eres.
Date una vuelta,
y repara aquel charco
que está en tu puerta.

El amor es un pleito,
pero en su audiencia
las mujeres son parte
y ellas sentencian.
Y aunque lo ganen,
condenados en costas
los hombres salen.

El llanto en las mujeres
es una alhaja;
para usarla la tienen
como en un arca.
Abren y lloran,
la cierran, y se ríen
cuando acomoda.

De puerta en puerta un pobre
coge más cuartos,
que quedándose en una
siempre parado.
Por esa cuenta
ando yo en mis amores
de puerta en puerta.

Es el amor un niño,
que cuando nace,
con poquito que coma
se satisface.

Pero en creciendo,
cuanto más le van dando,
más va queriendo.

En un árbol frondoso
me vi subida;
se desgajó la rama
me vi caída.
Que esto sucede
al que se fía de ramas
que están endebles.

La mujer y las cuerdas
de la guitarra,
es menester talento
para templarlas.
Flojas no suenan,
y suelen saltar muchas
si las aprietan.

El amor y los campos
son casi iguales,
pues los dos se marchitan
con sequedades.
Pero en lloviendo,
el amor y los campos
van floreciendo.

Más reservado tienes
lo que no has dicho,
que aquello que confías
al más amigo.
Que los secretos,
cuando se comunican
ya no son nuestros.

Al amor lo comparan
con el cigarro;
nadie lo deja y todos
quieren dejarlo.
Y el que lo deja,
es para volver luego
con mayor fuerza.

Hay algunos devotos
de ciertos santos,
que la devoción dura
lo que el milagro.
Quien necesita,
pide y ofrece a todos
y luego olvida.

Amores son monedas
imaginarias,
que aunque no las ve nadie,
todos las pasan.
De tal manera,
que el comercio se hace
con ofrecerlas.

Todo lo negro es feo,
pero tu ojos
lo que tienen de negros
tienen de hermosos.
Lo que es extraño
que siendo negros, tengan
tantos esclavos.

En el retrete oscuro
de la memoria,
repasaba un amante
pasadas glorias,
y así decía:
—No quiero entristecerme
con alegrías.

El que corta una rama
y la raíz deja,
es señal que pretende
volver a ella.
Y yo al contrario:
cuando la rama corto
la raíz descuajo.

Soñé que me querías
la otra mañana,
y soñé al mismo tiempo
que lo soñaba.

Que para un triste,
aun las dichas soñadas
son imposibles.

Yo crié en mi rebaño
a una cordera;
de tanto acariciarla
se volvió fiera.
Que las mujeres,
de tanto acariciarlas
fieras se vuelven.

Los celos sólo sirven
para obligarnos
a que el fuego soplemos
medio apagado.
Porque los celos,
el amor resucitan
aunque esté muerto.

No fíes en los hombres
aunque prometan,
que ellos tiran la caña
por ver si pescan.
Pero en pescando,
ellos salen riendo
y ellas llorando.

Amor resucitado
yo no lo quiero,
porque siempre a mortaja
me estará oliendo.
Y yo me asusto
de las cosas que vienen
del otro mundo.

Los mayores trabajos
de los amores,
son las impertinencias
de los mirones.
Pero estos mismos
no tienen poca pena
con ser testigos.

Todos dicen que aman,
todos que adoran,
pero todos olvidan
cuando no logran.
Y en tal mudanza,
los hombres y mujeres
todos se igualan.

Es amor en la ausencia
como la sombra,
que mientras más se aleja
más cuerpo toma.
Ausencia es aire,
que apaga el fuego chico
y aviva el grande.

El tiempo que he vivido
sin conocerte,
me ha sido noche triste;
ya es día alegre.
Mas si me olvidas,
volverán a ser noches
todos mis días.

Si acaso tiras flechas
contra mi pecho,
repara adonde apuntas,
que tú estás dentro.
Y si acertares,
mi corazón hiriendo,
hieres tu imagen.

No gastes tus finezas
con un ausente,
que ese sufragio pide
cuerpo presente.
Y es muy seguro
que debe ser el llanto
sobre el difunto.

A la mar tiré un chino,
cayó en la arena;
confianza en los hombres
nadie la tenga.

Porque los hombres,
en viéndose queridos,
no corresponden.

La cosa que yo quiero
más que a mi vida,
son tus dos ojos negros
que me asesinan.
He de mirarte,
y con tal que me mires,
aunque me mates.

Con los ojos del alma
te estoy mirando,
y con los de la cara
disimulando.
Que éste es el modo
de que nuestro cariño
se oculte a todos.

Muchos hay que no pueden
decir sus penas,
porque al ir a intentarlo,
se ahogan con ellas.
Así las mías
no podrás comprenderlas,
ni yo decirlas.

Mi corazón volando
se entró en tu pecho,
le cortaron las alas,
se quedó dentro.
Quiérelo mucho,
ya que volar no puede
lejos del tuyo.

A la Sala del Crimen
llevé tus ojos,
porque son dos ladrones
facinerosos.
Y cuando entraron,
se ha quejado el regente
que lo robaron.

Si te preguntan, niña,
a quién adoras,
primero morir mártir
que confesora.
Que el que confiesa
tiene siempre segura
la penitencia.

Desde que me olvidaste,
yo no me quise,
por no amar una cosa
que aborreciste.
Vuelve a quererme,
y verás cómo dejo
de aborrecerme.

No me mires, que miran
que nos miramos;
miremos la manera
de no mirarnos.
No nos miremos,
y cuando no nos miren
nos miraremos.

Tienes, niña, en tus labios
dos clavellinas;
échales agua fresca,
que están marchitas.
Pero si quieres,
me darás la licencia
de que las riegue.

Dicen que lo que es bueno
cuesta un sentido;
¿qué serás tú, que cuestas
todos los míos?
Y es cosa cierta
que tú mucho más vales
de lo que cuestas.

Así como el muchacho,
que, cuando salta,
cuanto más se retira
mejor avanza.

Del mismo modo,
si me retiro, vuelvo
más animoso.

Al pasar por tu puerta
vi pelearse
dos piedras, pretendiendo
que las pisases.
Y dije entonces:
—Si hacen esto las piedras,
¿qué harán los hombres?

Cuando miré tus ojos
dije a los míos:
—Ya tenemos enfrente
los enemigos.
Respondió el alma:
—Ya están haciendo fuego
las avanzadas.

El amor de los hombres
es como el vaso,
que al menor movimiento
se hace pedazos.
Y es evidente
que el más fino se quiebra
más fácilmente.

Nunca supe lo mucho
que te quería,
hasta sonar la hora
de tu partida.
Porque se ignora
el valor de los bienes,
mientras se gozan.

Sacan a un pez del agua
y al punto es muerto,
por verse separado
de su elemento.
Yo soy lo mismo,
así que me separan
de tu cariño.

—Dame una leccioncita
de tus quereres,
que se me va olvidando
cómo se quiere.
—Eso es mentira;
que lo que bien se aprende
nunca se olvida.

Calla, no te disculpes,
que el cargo es justo;
deja que te convenza
de que te sufro.
No satisfaces,
y me quitas el gusto
de perdonarte.

Yo pienso que las dichas
se han escondido,
por no dar en el caso
de dar conmigo.
Con las desdichas
tropiezo a cada paso
y en cada esquina.

El amor que te tengo,
es como sombra;
cuanto más apartado,
más cuerpo toma.
Y eres a un tiempo
sombra de mis amores,
pues huyes de ellos.

Quien ausente lo tenga,
muerto lo llore,
que la ausencia y la muerte
parejas corren.
Yo que tal digo,
porque ausente lo tengo
muerto lo miro.

Yo estoy agonizando,
yo estoy cadáver;
estos pícaros celos
muerto me traen.

Porque los celos
matan al que no sabe
vivir con ellos.

Cuando miras a otra
me desbarato,
porque con las miradas
se hacen los tratos.
Y yo quisiera
que todas las miradas
para mí fueran.

Ya se cerró mi pecho,
toma la llave,
y hasta que tú no vuelvas
ya no se abre.
¡Pues bueno fuera
que mi pecho se abriese
para cualquiera!

Para olvidar amando,
no hay más remedio
que nuevo amor, o mucha
tierra por medio.
Que estando ausente,
se olvida lo pasado
por lo presente.

Tú quieres a dos juntas,
y eso me agravia;
quiéreme a mí solita,
o a mi contraria.
Porque más vale
que haya una satisfecha,
que dos con hambre.

Si miras a mis ojos
cuando te miro,
no sé cómo no entiendes
lo que te digo.
Si me quisieras,
tan sólo con mirarme
tú me entendieras.

¿Qué importa que yo queme
  en tus altares
más incienso que llanto
  dan mis pesares,
  si allá en tu templo,
el último que llega
  quema el incienso?

Con el mismo abanico
  que te echas aire,
estás haciendo señas
  a quien tú sabes.
  Y aquí se halla
lo que a ti te refresca
  y a mí me abrasa.

Por ti no me pregunta
  mi pensamiento,
para que no le diga
  que estás muy lejos.
  Mas le consuela
mi corazón, que siempre
  te tiene cerca.

Dentro de mi pechito
  tengo una cuna
donde el bien de mi alma
  duerme y se arrulla,
  y a los vaivenes,
se despierta y me dice:
  —Niña, ¿me quieres?

Yo pensé, dueño mío,
  que en tu oratorio
no se daba más culto
que a un santo solo.
  Pero reparo
que tiene más santitos
  que el Calendario.

Llamas amor al tuyo,
  porque no sabes
que el amor nunca tiene
  dificultades.

Y tú pretendes
tener un amor lleno
de inconvenientes.

Por lo mismo que sabes
cuánto te adoro,
parece que te empeñas
en darme enojos.
Mas no lo extraño,
pues todas las mujeres
dan ese pago.

El sarmiento es la lumbre
y el que enamora,
por un lado se encienden,
por otro lloran.
Tú eres lo propio:
cuando lloras por verme
piensas en otro.

Con tus falsas caricias
me has preparado
un cáliz de veneno
purificado.
Y aun con saberlo,
por venir de tus manos
voy a beberlo.

Por las cinco ventanas
de mis sentidos
te has entrado en mi pecho
sin ser sentido.
Quiero que sepas
que salir ya no puedes
sin que te sienta.

Es doctrina fingida
de aquí adelante,
que una cosa produce
su semejante.
Pues mi cariño
en tu pecho produce
sólo desvío.

Si con ingratitudes
hieres mi pecho,
tú a ti misma te ofendes,
porque estás dentro.
Pero no extraño
que por buscar mi muerte,
busques tu daño.

Te has hecho, vida mía,
tan miserable,
que niegas que te quiero,
por no pagarme.
Pero esta deuda
te perdono gustoso,
como me quieras.

El fuego de mi pecho
tú lo encendiste;
yo me quedé en las llamas
y tú te fuiste.
¡Malhaya el fuego
donde tú no te abrasas
y yo me quemo!

Escondida en su concha
vive la perla,
y al fondo de los mares
bajan por ella.
No olvides nunca,
que lo que mucho vale,
mucho se busca.

Los cabellos atados
que tú me diste
los desato y los cuento
cuando estoy triste.
Pero es el caso,
que después que los cuento,
cojo y los ato.

Todo el hombre que quiera
como yo quiero,
en su vida eche plantas
ni juramentos.

Pues yo, aburrido,
he jurado mil cosas
que no he cumplido.

Es natural que al fuego
lo apague el agua;
en mi pecho sucede
por la contraria;
pues no han logrado
lágrimas de mis ojos
verlo apagado.

Yo no sé si me quieres
o si me olvidas;
lo que yo sé es que vivo
cuando me miras.
Y así, te pido
no olvides el remedio
con que yo vivo.

No quiero que te vayas,
ni que te quedes,
ni que me dejes sola,
ni que me lleves.
Quiero tan sólo...
Pero no quiero nada;
lo quiero todo.

Si mis ojos te ofenden,
yo te prometo,
por que no te molesten,
amarte ciego.
Mas te suplico
que en tal lance me sirvas
de lazarillo.

Confesé con un fraile,
¡qué bueno era!
De penitencia echóme
que te quisiera.
Y yo te quise,
porque las penitencias
deben cumplirse.

Es amor un deseo,
que durar suele
el tiempo que se goza
lo que se quiere.
Pero en logrando,
lo que antes agradaba
va fastidiando.

Tus ojos no son ojos,
que son saetas;
cada vez que me miras
me dejas muerta.
Mírame mucho,
que ya que muera, quiero
morir a gusto.

Con mirar aquel sauce
que está en el río,
comprenderás la pena
del pecho mío.
Pues aquel sauce
está cerca, y no goza
de sus cristales.

Las torres elevadas
son muy expuestas
a sufrir los efectos
de las tormentas.
Porque los rayos
buscan los edificios
más elevados.

Fuego y nieve despiden
tus negros ojos;
fuego para quien amas,
nieve a los otros.
Y yo te ruego
que, aunque me hagas cenizas,
me arrojen fuego.

Firme estoy en tu ausencia,
firme presente,
firme después de muerto
y firme siempre.

Y aunque me olvides,
en todas ocasiones
estaré firme.

Quiero que en mi sepulcro
se pongan cirios
prendidos en el fuego
de mis suspiros.
Y si se apagan,
que enciendan en mi pecho
la nueva llama.

Es el amor un monte
muy elevado,
y a la cumbre se sube
con gran trabajo.
Y estando arriba,
es peligrosa y fácil
cualquier caída.

Sé que finezas haces
a otro sujeto;
bien puedes, pues he sido
yo tu maestro.
No te equivoques,
y por costumbre en ellas
a mí me nombres.

Lo que ayer te enfadaba
hoy ya te gusta;
no es seguro el cariño
que así se muda.
Pues de esa suerte
se olvidará mañana
lo que hoy se quiere.

Las sombras que me dices
que te desvelan,
serán de tus mudanzas
las consecuencias.
Porque es muy propio
en todos los culpables
fingir enojos.

Que mucho hayas llamado
lo dificulto,
pues pobre porfiado
saca mendrugo.
Y el que se cansa,
de conseguirlo pierde
las esperanzas.

En lo que me entretengo
cuando estoy triste,
es en oler la rosa
que tú me diste.
Aunque está seca,
me acuerdo de los tiempos
que estaba fresca.

Si el fuego de tu casa
toma más cuerpo,
cuando apagarlo quieras
no será tiempo.
Y así, es preciso
apagar los carbones
medio encendidos.

Cualquier hombre que jura
de enamorado,
no debe ser creído,
ni castigado.
Porque es lo propio
un hombre enamorado,
que un hombre loco.

De cera son las puertas
de los amores;
cuenta que a la salida
ya son de bronce.
Y que a la entrada
suelen estar abiertas;
después, cerradas.

Si el amor que te tengo
fuere pecado,
no podré de esta culpa
ser perdonado.

Pues nunca ha sido
perdonado el pecado
no arrepentido.

La mujer que del hombre
recibe alhaja,
indica que con algo
quiere pagarla.
Que en este tiempo
ninguno da regalos
sino al descuento.

Es el amor pescado,
y en su comida
encuentran los amantes
muchas espinas.
Pero las pasan,
por los dulces bocados
que a veces hallan.

El león en su cueva
rabia de celos
al ver a su leona
en brazo ajeno.
¡Animalitos!
¡También rabian de celos
los pobrecitos!

Se ha marchitado el árbol
de mi esperanza;
un traidor le ha cortado
sus verdes ramas.
Pero él no advierte,
que mudando terreno
mejor florece.

Siempre estás inventando
dos mil embustes,
mas fingir que me quieres
no se te ocurre.
¡Buena desgracia,
no encontrar quien me ame,
siquiera en chanza!

Todo cuanto me pidas
daré al instante,
a no ser la palabra
de abandonarte.
Pues nunca ofrezco
lo que por imposible
cumplir no puedo.

Sé que has estado mala
de gran cuidado,
pero a verte no he ido
por no aumentarlo.
Que el mal que tienes,
sólo tú y yo sabemos
de qué procede.

De todas las potencias
hay una sola
que no me hayas robado,
y es la memoria.
Mucho lo estimo,
porque vivo por ella
siempre contigo.

Si te adoro, me olvidas;
si hablo, te enojas;
si callo, te entristeces;
si me voy, lloras.
¡Oh, amor supremo,
todo tú eres distancias,
todo tú extremos!

Yo por ti estoy perdido;
si tú me encuentras,
te daré por hallazgo
el alma entera.
Mas ya la tienes,
y dártela no puedo
si no la vuelves.

Aunque usté diga, niña,
que es de alta esfera,
también para las torres
hay escalera.

Y no hay mozuelo
que no suba en las fiestas
y toque a vuelo.

Aunque el remedio hallara
para olvidarte,
te aseguro, bien mío,
no he de tomarle.
Porque no quiero
morirme de repente
con el remedio.

En mi casa me dicen
que no te quiera;
mientras más me lo dicen,
más me lo acuerdan.
Y ahora te digo:
—Como me aprieten mucho
me voy contigo.

Después de sufrir tanto,
contra mi genio,
le echastes agua al vaso
que estaba lleno.
Y así, no extrañes
que pierda el sufrimiento,
pues más no cabe.

Empecé por capricho,
seguí por tema,
continué por desvelo
y acabé en pena.
Y de esta suerte,
le temo a los caprichos
más que a la muerte.

He pensado olvidarte
quinientas veces,
y en viéndote no hay forma
de que me acuerde.
Que el mío
sólo olvida la causa
de los olvidos.

El confesor me dice
que no te quiera,
y yo le digo: ¡Ay, padre,
si usté la viera!...
Es tan bonita,
que sólo con mirarla
las penas quita.

Por mucho que un celoso
guarde su hacienda,
beberá aguado el vino
de su bodega.
Bien que en el mundo,
son pocos los que beben
el vino puro.

Si el hablar te costara
tanto trabajo
como ser generosa,
no hablaras tanto.
Pero tú tratas
de ser muy dadivosa
sólo en palabras.

Favores y desprecios
no los archivo,
que los doy al instante
que los recibo.
De esta manera
le pago a cada uno
en su moneda.

Las mujeres al mundo
perdido tienen,
y los hombres al mundo
y a las mujeres.
Y de este modo,
hombres, mujeres, mundo,
perdido todo.

No pretenda ser sola,
mujer que ama,
porque ésta es una dicha
que nadie alcanza.

Ame de veras,
y déjese de todas
esas quimeras.

El lunes me enamoro;
martes, lo digo;
soy miércoles y jueves
correspondido;
viernes, doy celos,
y sábado y domingo
busco amor nuevo.

Mi marido en la era,
yo con un fraile:
¡Aire porque no venga,
aire y más aire!
Y el estribillo,
por andar en la era,
lo cogió el trillo.

Si no me correspondes,
no correspondo;
mala cara me pones,
mala te pongo.
Con tal despego,
que si tú me la pegas,
yo te la pego.

El hablar a dos hombres
requiere maña,
y el quedarse sin ellos
no es cosa extraña.
Esto lo digo,
por si acaso pensabas
jugar conmigo.

Si fueres a la iglesia
ponte en lo oscuro,
porque el padre fray Pedro
no es muy seguro.
Pero te advierto,
que tan bueno es fray Pablo
como fray Pedro.

Quisiera estar tan cerca
de las mujeres,
como están las estampas
de las paredes.
Y de mi suegra,
como estamos nosotros
de las estrellas.

Tu genio impertinente
se me resiste;
yo no sé quién aguante
siempre a una chinche.
Porque mi genio,
prefiere a lluvias mansas
un aguacero.

A la puerta de un sordo
cantaba un mudo,
y un ciego le miraba
con disimulo.
Y dentro un cojo
bailaba seguidillas
con desahogo.

En tu corazoncito
me diste un cuarto,
y no pude barrerlo
por tanto trasto.
Yo no lo quiero,
a menos que no quites
trastos de enmedio.

Dices que no me quieres
porque soy sordo:
yo tampoco te quiero,
por lo que oigo.
Porque soy ciego:
tú tampoco me gustas
por lo que veo.

Diviértete con todos,
haz lo que quieras,
y luego ven y ponme
las aguaderas.

Y aun después falta,
que a la pila me lleves
a beber agua.

Ya no dicen las madres,
—¡Que viene el coco!
Que esta voz a los niños
asusta poco.
Si el caso apura,
le dicen: —¡Calla, niño,
que viene el cura!

Llámame como quieras,
llámame ingrato,
pero déjame libre
de tus enfados.
Pues lo que quiero,
es no volver a verte,
ni aun desde lejos.

Te quise y me quisiste,
mas de allí a poco,
desnudaste a un santo
por vestir otro.
Y ahora te digo
que el que tú desnudaste
ya está vestido.

Porque tú a mí me dejes
no tengo queja,
pues en dejar no has sido
tú la primera.
Que por si acaso,
por no perder de postre,
gané de mano.

El amor de las niñas
es como el cielo,
tan azul en verano
como en invierno.
Pero un nublado
lo oscurece en invierno
como en verano.

Si mi amor no te gusta,
no busques otro;
mira que cuesta mucho
domar un potro.
Pero te advierto,
que después de domado
no tiene precio.

Cuando voy a la casa
de mi chiquilla,
se me hace cuesta abajo
la cuesta arriba.
Y cuando bajo,
se me hace cuesta arriba
la cuesta abajo.

Porque anoche no vine
te has ofendido;
ya no siento yo tanto
no haber venido.
Pues satisfecho
de que tú lo sentiste,
menos lo siento.

La vieja de mi suegra
me dio unos cuadros;
cada vez que reñimos
los descolgamos.
De esta manera,
a cuestas siempre andamos
con la escalera.

Amar sin que el amado
nos corresponda,
no hay duda que es fineza,
pero muy tonta.
Que estas finezas,
en lugar de estimarse,
se menosprecian.

Mirando al firmamento
dijo una niña:
—Los gustos de este mundo
vienen de arriba.

Y dijo el majo:
—Unos vienen de arriba,
y otros de abajo.

Una tarde a San Pedro
le dijo Cristo:
—Ahí te entriego las llaves,
y, abur, Perico.
Y él le responde:
—Vaya usté descuidiao,
que aquí quea un hombre.

*

Dicen se muda el hombre
luego en logrando,
y yo, cuanto más logro,
más idolatro.

¿Para qué, ingrata, quieres
saber mis males?
Con saber que te quiero,
todos los sabes.

Más quiero un desengaño
que me confunda,
que no vivir penando
por una duda.

Es amor una senda
tan sin camino,
que el que va más derecho
va más perdido.

Te quiero y me aborreces
con tal porfía,
que no puedo ser de otra,
ni tú ser mía.

Se oyeran los suspiros
del que se ausenta,
si no hicieran más eco
los que están cerca.

No digas que no puedes
hacer favores,
que la que quiere y ama,
busca ocasiones.

El alma me has robado,
dame la tuya,
que el ladrón es preciso
que restituya.

Voy a la fuente y bebo,
no la aminoro;
que aumento su corriente
con lo que lloro.

Amores escondidos
por tiempo largo,
si en tragedia no acaban,
será milagro.

En mi casa me dicen
que si te quiero;
yo digo que ni verte...
¡cuando no puedo!

Olvidé padre y madre
por ir contigo,
¡y ahora me dejas sola
por el camino!

Yo no sé lo que haga
con unos celos,
que ya estoy para darlos,
por no tenerlos.

Si con hambre castigas
a quien te ama,
advierte que el desmayo
quita la gana.

Quien desata la cuerda,
mas no la rompe,
en los segundos nudos
aprieta doble.

La pasión comprimida
  es como el rayo;
cuanto más resistencia,
  mayor estrago.

Condiciones de luna
  tiene mi amante;
para poco creciente
  mucho menguante.

¿Porque un beso me has dado
  riñe tu madre?
Toma, niña, tu beso;
  dile que calle.

Si acaso saber quieres
  si dos se aman,
repara si se miran
  más que se hablan.

Como flores de almendro
  fueron mis bienes,
que nacieron temprano
  para perderse.

Carbón que ha sido lumbre,
  tengo entendido
que a muy poquito soplo
  queda encendido.

Dígale usté a mi madre
  que no me riña,
que ella también jugaba
  cuando era niña.

Me enamoré de un fraile
  por el silencio,
y al instante lo supo
  todo el convento.

Más quisiera contigo
  vivir en guerra,
que estar en paz con otra
  que me quisiera.

Dicen que no me quieres;
ya me has querido:
váyase lo ganado
por lo perdido.

Si con el mirar matas,
yo te pregunto:
—¿Dónde vas enterrando
tanto difunto?

No quisiera quererte
con tanto extremo,
y aun me parece poco
lo que te quiero.

Tú y yo nos parecemos
mucho a la nieve;
tú en lo blanca y lo fría;
yo en deshacerme.

«¡Yo te adoro!», una noche
dije dormido,
y desperté celoso
de haberme oído.

¿Quién ha visto en el mundo
querer un ciego
la causa de su daño
para remedio?

Comparo a las mujeres
con las sardinas:
cuanto más resaladas
son más indinas.

La nieve por tu cara
pasó diciendo:
—En donde no hago falta
no me detengo.

Dicen que nada cuesta
la despedida:
dile al que te lo ha dicho
que se despida.

CANTARES

Suspiros que de mí salgan
y otros que de ti saldrán,
si en el camino se encuentran,
¡qué de cosas se dirán!

Dicen que la ausencia es
semejanza de la muerte,
y yo digo que es mentira,
porque te adoro sin verte.

¿Cómo ha de ser la memoria
el correo en las ausencias,
si no lleva los recados
ni vuelve con las respuestas?

Si el querer bien se pagara,
mucho me estabas debiendo;
pero como no se paga,
ni me debes ni te debo.

En mi vida solicito
al que de mí se retira,
que he tomado por costumbre
olvidar a quien me olvida.

Con la pena de no verte
estoy viviendo en la tierra:
cuando no me muero yo,
nadie se muere de pena.

Anda diciendo tu madre
de mi honra no sé qué:
¿Para qué enturbiar el agua
si la tiene que beber?

He de mandar que me entierren
sentado cuando me muera,
para que puedas decir:
—Se murió, pero me espera.

Aquella firmeza tanta,
y aquel ponderar amor,
y aquel no vivir sin verme,
¡qué pronto se te acabó!

No sé qué tienen las flores
que están en el camposanto,
que cuando las mueve el viento
parece que están llorando.

Si por querer a otro quieres
que yo la muerte reciba,
cúmplase tu voluntad;
muera yo por que otro viva.

La pena y la que no es pena,
todo es pena para mí;
ayer penaba por verte,
y hoy peno porque te vi.

Quisiste que te quisiera,
y te quise sin querer;
no quieras que te aborrezca,
que te voy a aborrecer.

Mientras más caricias me haces,
más en confusión me pones,
porque tus caricias son
vísperas de tus traiciones.

A los ojos de mi cara
los tengo de castigar,
porque miran con cariño
a quien mal pago les da.

Me han dicho que tienes otra,
no lo niegues ni te excuses,
que lo menos que se encienden
en un altar son dos luces.

Si la sangre se vendiera,
fueras tú rica y yo pobre,
porque tienes en tus venas
la que a mí me corresponde.

Llorando te la escribí,
llorando te la mandé;
las lágrimas de mis ojos
no me la dejaron ver.

Ayer me dijiste que hoy,
hoy me dices que mañana,
y mañana me dirás
que se te quitó la gana.

En el fuego en que me abraso
te quisiera ver arder,
para que vieras, ingrata,
lo que cuesta un buen querer.

Con el alma y con la vida
me estás diciendo que sí,
pero con el pensamiento
a otro quieres más que a mí.

En una cama de ausencia
cayó mala mi esperanza;
lágrimas, tened paciencia,
que el tiempo todo lo alcanza.

Mira tú si yo tendré
fijo en ti mi pensamiento,
que si al espejo me miro,
en vez de verme, te veo.

Desempedraré tu calle
y la cubriré de arena,
para mirar las pisadas
de los que rondan tu reja.

El verte me da la muerte,
y el no verte me da vida;
más quiero morir y verte,
que no verte y tener vida.

Yo soy uno y tú eres una;
uno y una, que son dos;
dos que debieran ser uno;
¡ay, si lo quisiera Dios!

Si me quieres, dímelo,
y si no dame veneno,
que no serás la primera
que se lo ha dado a su dueño.

Si mi corazón te estorba,
anda y échalo a la calle;
que se lo coman los perros,
si es que no lo quiere nadie.

Deben cegar estos ojos
que ya no te pueden ver:
¡Ojos que te vieron ir,
cuándo te verán volver!

Cuando te veo con pena,
en mí no reina alegría,
que como te quiero tanto,
siento la tuya y la mía.

Quiero decir y no digo,
y estoy sin decir diciendo;
quiero y no quiero querer,
y estoy sin querer queriendo.

Échame otra penitencia
que yo la pueda cumplir,
porque llegar a olvidarte
ya no depende de mí.

Las miradas amorosas
son los primeros billetes
que se mandan los amantes
para decir que se quieren.

¿Cómo quieres que la olvide,
si ha sido mi amor primero,
y ese amor echa raíces
como la planta en el suelo?

Cuando se quiere de veras,
no se mira el qué dirán:
quien tiene fe en un camino
no vuelve la cara atrás.

Tengo un dolor en el pecho,
y los médicos me dicen
que no es dolor, que es amor
que va criando raíces.

Yo pensé que el querer bien
era cosa de juguete,
y ya veo que se pasan
las fatigas de la muerte.

¡Pobre de mí, que me quejo
de un amor que me engañó,
como el que mira la piedra
después que ya tropezó!

Ni contigo ni sin ti,
tienen mis males remedio;
Contigo, porque me matas;
y sin ti, porque me muero.

Desde mi casa a la tuya,
morena, no hay más que un paso;
desde la tuya a la mía,
¡ay, qué camino tan largo!

Es tanto lo que te quiero,
que cien veces te matara
y con sangre de mis venas
luego te resucitara.

Por ti me olvidé de Dios,
por ti la gloria perdí,
y ahora me voy a quedar
sin Dios, sin gloria y sin ti.

Siempre que te vas me dices:
—Adiós, hasta la primera.
Como no me dices cuándo,
siempre me dejas con pena.

Ahí tienes mi corazón;
ábrelo con esa llave,
y verás cómo aquí dentro
sólo tu persona cabe.

Yo quiero a quien no me quiere,
que es la gracia del querer;
que querer a quien nos quiere,
eso es por el interés.

Perdón me pidió el verdugo,
no se lo quise negar;
la Justicia no perdona,
y perdona el criminal.

Cuando sumo tus desdenes
y resto mis esperanzas,
se multiplican mis penas
y se divide mi alma.

Desde que te estoy queriendo
me están dando calenturas,
y luego dice el refrán
que el amor todo lo cura.

Tengo una pena, una pena,
que casi puedo decir
que yo no tengo la pena;
la pena me tiene a mí.

Sin querer pisé una flor
que en su sepultura estaba,
y de la flor salió un ¡ay!
que se me clavó en el alma.

Estoy pasando por ti
más penas y más trabajos,
que pasó Aquel que está arriba
el tiempo que estuvo abajo.

Es piedra que se echa a un río
el querer que puse en ti;
que llega al fondo, se clava
y ya no vuelve a salir.

Cuando quise no quisiste,
y ahora que quieres no quiero;
gozarás el amor triste,
cual yo lo gocé primero.

Dos besos tengo en el alma
que no se apartan de mí;
el último de mi madre
y el primero que te di.

Las flores que en su sepulcro
derramo yo a manos llenas
van regadas con mi llanto
y por eso no se secan.

El tiempo con el amor
hicieron una contrata,
y lo que el amor dispone
el tiempo lo desbarata.

Es tu querer como el toro,
que donde lo llaman va,
y el mío como la piedra:
donde la ponen se está.

El que se retira y vuelve,
no tiene ningún delito;
que el águila se remonta
y vuelve a su mismo sitio.

No te apures, compañera,
por aquello que pasó:
una esperanza perdida
trae una nueva ilusión.

El que compra un desengaño
en los amores primeros,
en los amores segundos
desengaños va vendiendo.

La dama que quiere a dos,
no es tonta, que es advertida:
si una vela se le apaga,
otra le queda encendida.

El primer amor que tuve
se me llevó el corazón:
no hay amor como el primero,
que se lleva lo mejor.

En la puerta de tu casa
tengo escrito con mi sangre:
«No hay plazo que no se cumpla
ni deuda que no se pague.»

Los pajaritos y yo
nos levantamos a un tiempo;
ellos a cantar el alba,
yo a llorar mi sentimiento.

A mi corazón le digo
que no suspire ni llore;
que si le has dado mal pago,
no faltará quien le adore.

¡Ay, pobrecita de mí,
que doy suspiros al aire,
y el aire se me los lleva,
y no los recoge nadie!

Si quieres cambiar, cambiemos
corazones a llorar;
dame el tuyo y toma el mío;
veremos cuál llora más.

Dicen que las penas matan,
yo digo que no es así;
que si las penas mataran,
me hubieran matado a mí.

Los males comunicados
dicen que tienen consuelo;
yo te he contado los míos
y desde entonces me muero.

Vivo solito en el mundo
y de mí nadie se acuerda;
busco en los árboles sombra,
y los árboles se secan.

Los ojitos de mi cara,
¿quién me los quiere comprar?
Los vendo por traicioneros,
porque publican mi mal.

Llorad, llorad, ojos míos;
llorad si tenéis por qué;
que no es vergüenza en un hombre
llorar por una mujer.

El querer que puse en ti
tan firme y tan verdadero,
si lo hubiera puesto en Dios
hubiera ganado el cielo.

Pensamiento, tú me matas,
tú me tiras a perder;
tú me traes a la memoria
cosas que no pueden ser.

Para el dolor de un ausente
no hay alivio ni consuelo,
porque tiene cerca el daño
y distantes los remedios.

El que quisiere saber
de qué color es la pena,
de una mujer se enamore
y esta mujer no le quiera.

Quien diga que ha enamorado
sin sufrir ni padecer,
o siempre ha sido muy necio,
o nunca ha querido bien.

La palabra que me diste
a la orilla de la fuente,
como fue cerca del agua
se la llevó la corriente.

La piedra, con ser la piedra,
al golpe del eslabón
echa lágrimas de fuego;
¿qué será mi corazón?

El naranjo de tu patio,
cuando te acercas a él,
se desprende de sus flores
y te las echa a los pies.

Aunque difunto me hallare
en el compás de la iglesia,
si alguien dijere tu nombre
levantaré la cabeza.

La noche que tronó tanto
me fui en busca de mi novia,
por si se acababa el mundo
irme arrimando a la gloria.

Las fatigas del querer
son las fatigas más grandes,
porque se lloran cantando
y las lágrimas no salen.

No ama mucho quien lo dice,
sino quien mucho padece;
que amor sin penas y obras,
de amor sólo el nombre tiene.

He estado en el Purgatorio
y he visto lo que son penas,
y sé que por querer bien
ningún alma se condena.

Cuando un hombre que es muy hombre
las lágrimas deja ver,
allá en el fondo del alma
¡qué pena debe tener!

¿A quién le contaré yo
lo que a mí me está pasando?
Se lo contaré a la tierra
cuando me estén enterrando.

Desde aquel primer instante
que abre el corazón sus puertas,
aunque las burle un amante,
las suele tener abiertas.

Piensan los enamorados,
piensan, y no piensan bien,
piensan que nadie los mira,
y todo el mundo los ve.

Las palabras amorosas
son las cuentas de un collar;
en saliendo la primera,
salen todas las demás.

Aquel si viene o no viene,
aquel si sale o no sale,
en los amores no tiene
contento que se le iguale.

Dos corazones heridos
de la misma enfermedad,
ambos se quitan la vida
por no decir la verdad.

Los ojos de mi morena
tienen un mirar extraño,
que matan en una hora
más que la muerte en un año.

¡Válgame Dios de los cielos,
qué penosito es mi mal!
Suspirando tengo alivio,
y no puedo suspirar.

Dicen que espinan tus manos;
para mí son amorosas;
más espinan los rosales
y se le cortan las rosas.

Las estrellitas del cielo
y las arenas del mar,
se parecen a mis penas
en lo largas de contar.

Fuiste mi primer amor,
tú me enseñaste a querer,
no me enseñes a olvidar,
que no lo quiero aprender.

Yo me descubrí a un amigo
por ver si me consolaba,
y el amigo estaba enfermo
del mismo mal que yo estaba.

No tengo quien por mí llore,
ni quien por mí pase pena,
sino la triste campana
que doble cuando yo muera.

No me digas que te olvide,
que me lo dices llorando;
toma tú misma el consejo
y podrás venir a darlo.

Si supiera que en el mundo
se vendían corazones,
fuera yo y comprara uno,
porque el mío está en prisiones.

Si te digo *sol* te ofendo,
y si *luna* te maltrato,
y si te digo *lucero*
me parece que te mato.

Ábreme el pecho y registra
hasta el último rincón,
y verás cómo tú reinas
donde ninguna reinó.

Querer por sólo querer,
sin esperanza de premio,
será un querer desdichado,
pero es querer verdadero.

En la casa de las penas
ya no me quieren a mí,
porque tengo yo más penas
que las que caben allí.

Todo el mundo que me ve
me pregunta que qué tengo:
un mal que no tiene cura,
y siempre me estoy muriendo.

Quisiera verte y no verte,
quisiera hablarte y no hablarte,
quisiera no conocerte
para poder olvidarte.

Cada vez que paso y miro
donde mi amante vivió,
me contento con la jaula,
que ya el pájaro voló.

El corazón se me parte
de pena y de sentimiento,
al ver que estás en el mundo,
y ya para mí te has muerto.

Dicen que no nos queremos,
porque no nos ven hablar;
a tu corazón y al mío
se lo pueden preguntar.

Al verte las flores lloran
cuando entras en tu jardín,
porque las flores quisieran
todas parecerse a ti.

Retírate, que la gente
no conozca nuestro amor:
mientras más lejos el santo,
más cerca la devoción.

Eché un candado en mi pecho
desde que vi tu belleza,
porque ninguna entre en él
sin que tú le des licencia.

El día que tú nacistes
nacieron todas las flores,
y en la pila del bautismo
cantaron los ruiseñores.

Toma allá mi corazón
y échalo en esa candela,
mas nó agarres las cenizas,
que te has de quemar con ellas.

Hay dos cosas en el mundo
que no pueden olvidarse:
el primer amor del alma
y el cariño de una madre.

Males que el tiempo acarrea
¡quién pudiera penetrarlos,
para poner el remedio
antes que viniera el daño!

¿De qué le sirve al cautivo
tener los grillos de plata
y las cadenas de oro,
si la libertad le falta?

De las potencias del alma
la memoria es la cruel,
porque causa el mayor mal
recordando el mayor bien.

El tiempo y el desengaño
son dos amigos leales,
que despiertan al que duerme
y enseñan al que no sabe.

Nadie diga en este mundo
«de esta agua no beberé»;
por muy turbia que la vea,
le puede apretar la sed.

Entre dos que bien se quieren
no hay ausencia ni distancia,
que los pensamientos vuelan
y los suspiros se alcanzan.

En la puerta del presidio
hay escrito con carbón:
«Aquí el bueno se hace malo,
y el malo se hace peor.»

El que vence un imposible,
dos coronas tiene iguales:
el salirse con su gusto
y el vencer dificultades.

Ninguno cante victoria
aunque en el estribo esté,
que muchos en el estribo
se suelen quedar a pie.

Si oyes que tocan a muerto,
no preguntes quién murió,
porque ausente de tu vista,
¿quién puede ser sino yo?

Dime por quién tienes luto,
para echarlo yo también;
porque tú triste y yo alegre,
eso no parece bien.

¡Ay de mí, que me han quitado
una rosa siendo mía,
y la veo en otras manos,
marchita y descolorida!

Si por beber de una fuente
has dejado secar otra,
olvidar para querer
es una ignorancia loca.

Deja correr el caballo,
no le tires de la rienda,
que pueda ser que algún día
quieras correrlo y no puedas.

¿De qué me sirve penar
y dar voces como un loco,
si yo me muero por ti
y tú te mueres por otro?

Mis amigos me desprecian
porque me ven abatido:
todo el mundo corta leña
del árbol que está caído.

Aquel que empieza una obra,
razón será que la acabe,
para que nunca se diga
que la dejó por cobarde.

Al paño fino en la tienda
una mancha le cayó,
y se vendió más barato
porque perdió su valor.

Como no la vi difunta,
mentira me parecía,
y en la iglesia daba voces
y nadie me respondía.

Mi corazón lo prendieron,
y a la cárcel lo llevaron,
y sin delito ninguno
a muerte lo sentenciaron.

¡Malhaya la ropa negra
y el sastre que la cortó,
que está mi niña de luto
sin haberme muerto yo!

Pensaba que era yo solo
el que tu jardín regaba,
mas he visto que son muchos
los que van y sacan agua.

Cualesquiera que me viere,
dirá que no tengo penas,
¡y tengo mi corazón
como la bayeta negra!

Anoche soñaba yo
que dos negros me mataban,
y eran tus hermosos ojos
que enojados me miraban.

Si no fuera por la gente,
yo me vistiera de luto,
pues tengo mi corazón
dentro del pecho difunto.

Esos ojitos azules
se los has robado al cielo,
y al cielo le darás cuenta
del mal que hiciste con ellos.

Cada día me parece
que no puedo sufrir más,
y cada día me traes
un aumento de pesar.

Un corazón de madera
tengo que mandarme hacer,
que no sienta ni padezca
ni sepa lo que es querer.

Si tienes queja de mí,
mátame si te parece,
pero no vuelvas la cara
cuando en la calle te encuentre

No me mires, que me matas
con esos ojos tan tristes,
porque se me representa
el mal pago que me diste.

Yo te estoy queriendo a ti
con el más grande silencio,
y tú me vas pregonando
como aquel que vende lienzo.

Ya te he dicho, corazón,
primera y segunda vez
que no llames a esa puerta,
que no te han de responder.

Yo enterré mi amor un día
creyendo que estaba muerto,
y de sus secas raíces
otras plantas florecieron.

Los ojos de mi morena
se parecen a mis males:
grandes como mis fatigas,
negros como mis pesares.

No serás tú el primer hombre
ni yo la primera mujer
que se quieran y se olviden
y se vuelvan a querer.

Quisiera ser el sepulcro
donde a ti te han de enterrar,
para tenerte en mis brazos
por toda la eternidad.

¡Tanto como me querías,
tanto como me adorabas,
tanto como yo valía,
y ahora no valgo nada!

¿Te acuerdas cuando pusiste
tu cara junto a la mía,
y llorando me dijiste
que nunca me olvidarías?

No te afanes, compañera,
por sacar fruto de mí,
que al árbol que no se riega
se le seca la raíz.

Mi querer y tu querer
son dos quereres en uno,
y siempre estamos riñendo
por si es mío o por si es tuyo.

Si por pobre me desprecias,
digo que tienes razón;
hombre pobre y leña verde
arden cuando hay ocasión.

¡Ay, desgraciado de aquel
que pone su cara en tierra!
Que el que queda por acá,
tarde o temprano se alegra.

Con el tiempo aprenderás
a saber lo que es el tiempo:
lo malo es que algunas veces
viene muy tarde el remedio.

Los besos y los suspiros,
las lágrimas y las quejas,
se sabe de donde salen,
nadie sabe adónde llegan.

Dices que me quieres mucho,
y es mentira, que me engañas:
en un corazón tan chico
no pueden caber dos almas.

Nadie descubra su pecho
por dar alivio a su pena,
que quien su pecho descubre,
por su boca se condena.

Nadie murmure de nadie,
que somos de carne humana,
y no hay pellejo de aceite
que no tenga su botana.

Aquel que nunca fue cosa
y que cosa llega a ser,
quiere ser tan grande cosa,
que no hay cosa como él.

Soy de la opinión del cuco,
pájaro que nunca anida,
pone el huevo en nido ajeno
y otro pájaro le cría.

Si quieres que yo te quiera,
ha de ser con el ajuste
de que no mires a nadie
y yo mire a quien me guste.

Yo me casé con un viejo,
por comer algo caliente;
la hornilla estaba apagada
y yo convidando gente.

¿Cómo pretendes, chiquilla,
que ponga mi amor en ti,
si eres como la veleta,
hoy aquí, mañana allí?

Mi padre me da de palos
porque quiero a un granadero,
y al son de los palos digo:
—¡Vivan las gorras de pelo!

Entre usté, que estoy solita
y mi madre está en la calle;
le pondré a usté una sillita,
que nadie se come a nadie.

Yo me muero no sé cómo,
y mi mal es no sé qué;
yo sanaré bien sé cuándo,
si me cura quien yo sé.

Dices que me quieres mucho
y que te mueres por mí:
muérete, que yo lo vea,
y entonces diré que sí.

No pienses que yo te quiero
porque te miro a la cara;
que muchos van a la feria
a ver, y no compran nada.

Me quisiste y te quise,
me olvidaste y te olvidé:
los dos tuvimos la culpa,
tú primero y yo después.

Tú me estás dando lugar
a que eche la capa al toro,
y que tire de la manta
y que se descubra todo.

Mi morena me olvidó,
no me da pena maldita,
que la mancha de la mora
con otra verde se quita.

Si piensas que con halagos
me has de ablandar como cera,
soy yo de tal calidad,
que el mismo fuego me hiela.

Me mandaste a decir
por carta, que me olvidabas:
cuando llegó el parte a mí,
ya de ti no me acordaba.

Si te mueres lloraré
por la falta que me haces,
y otro en tu lugar pondré,
que todo lo nuevo place.

Si tu cara fuera iglesia,
y tu cuarto fuera altar,
y tu cama sepultura,
vivo me fuera a enterrar.

El amor de la mujer
es como el de la gallina,
que en faltándole su gallo
a cualquier otro se arrima.

Cuando se ve que van juntos
una mujer con un hombre,
les han de achacar aquello
que cada cual se supone.

La primera la hizo Dios
y ésa engañó al padre Adán;
cuando a ésa Dios la hizo,
¿cómo serán las demás?

Las mujeres desdeñosas
son como las aceitunas:
la que parece más verde
suele ser la más madura.

No quiero amor con doncella,
que me ha dicho una casada
que es oficio de ladrones
abrir un arca cerrada.

Hágame usté unos zapatos
con el tacón que levante,
que soy chiquita y no alcanzo
a los brazos de mi amante.

Yo quisiera estarte viendo
treinta días cada mes,
siete días en semana,
cada minuto una vez.

El amor del hombre pobre
es como el del gallo enano,
que en querer y no alcanzar
se le pasa todo el año.

Los ojos de la viüda
van diciendo por la calle:
—Esta habitación se alquila,
porque no la habita nadie.

El amante es como el niño
que se enoja y tira el pan,
y en haciéndole un cariño,
se lo come y pide más.

La mujer y la moneda
tienen mucha semejanza:
algunas de oro parecen,
y resulta que son falsas.

Querer una no es ninguna,
querer dos es falsedad,
querer tres y engañar cuatro...
eso es gracia que Dios da.

De la lechuga romana
el cogollo me comí;
que otros se coman las hojas,
¿qué cuidado me da a mí?

Es tanto lo que me quiere
la madre de mi mujer,
tanto le ciega el cariño...
que no me puede ni ver.

Un viejo recién casado
guardaba mucho su viña,
y se halló con el rebusco
cuando fue a hacer la vendimia.

Quien se fía de mujeres
muy poco del mundo sabe,
que se fía de unas puertas
de que todos tienen llaves.

Doce gallinas y un gallo
casi siempre están conformes,
y casi nunca lo está
una mujer con un hombre.

El que quisiere mandar
memorias a los infiernos,
la ocasión la pinta calva:
mi suegra se está muriendo.

En un lugar, no sé dónde,
hay un yo no sé qué santo;
rezándole un no sé qué,
se gana yo no sé cuánto.

No quiero amor con casada,
que me ha dicho una viuda
que a quien de ajeno se viste
en la calle le desnudan.

En tu vida te enamores
de mozo que no ha rondado;
que el que no ronda de mozo,
ronda después de casado.

Más quisiera en una plaza
a un toro bravo esperar,
que no a una mujer que diga:
—¿Qué cuidado se me da?

El amor de las mujeres
suele ser como el del perro,
que aunque le sacudan palos,
nunca desampara al dueño.

De una costilla de Adán
hizo Dios a la mujer,
para dejarle a los hombres
ese hueso que roer.

¡Si yo me viera contigo
con la llavecita echada,
y el herrero se muriera,
y la llave se quebrara!...

Zapatos que yo desecho
y los tiro al muladar,
si otro llega y se los pone,
¿qué cuidado se me da?

Los hombres son el demonio,
según dicen las mujeres,
y siempre están deseando
que el demonio se las lleve.

Yo no te solicité;
recuerda que me buscaste,
te marchaste por tu gusto
y volviste sin llamarte.

Si las mujeres tuvieran
la libertad de los hombres,
salieran a los caminos
a robar los corazones.

La dama que rompe el plato
sin ser hora de comer,
por muy bonita que sea,
nunca encuentra mercader.

Hasta la leña en el monte
tiene su separación:
una sirve para santos,
y otra para hacer carbón.

APÉNDICE

SOLEARES

Cuando paso por tu bera
y me rosa tu bestío,
jasta los güesos me tiemblan.

Gitana, bamos despasio,
que este camino es mu corto
y yo quió jaserlo largo.

Eso no lo manda Dios;
que tú te comas la carne
y que roa er güeso yo.

Ben acá, mala mujé;
si en tarde en tarde te beo,
¿cómo te tomo queré?

Anda, que estás tan tocá
como la hojiya der cánon
que está puesta en er misá.

Si por el mundo la encuentras,
dile que yo la perdono,
pero que no quiero berla.

Siempre mercándote peines,
y te jayo espeinaíya:
gitana, di lo que tienes.

Ya no pueo ni yorá;
se han secao mis ojitos;
¡mátame por cariá!

Mira si tengo salero,
que los limonsitos agrios
por durses los boy vendiendo.

De tu espresio me río;
bien sabe Dios y too er mundo
que yo nunca te he querío.

Te fuiste y me ejastes:
mar fin tengan los calostros
que de tu mare mamastes.

Yo no muero e mi mal;
yo muero e las duquitas
que tú me jases pasá.

A mí no me la das tú,
gitana, que al perro viejo
no lo camela el tus tus.

Ya te lo he dicho yorando,
que no bayas a esa casa,
que m'estás mortificando.

¿Qué tendré yo que no como?
La penita de no berte
me tiene d'echar ar joyo.

Si quieres que yo te olbide,
pídeselo a Santa Rita,
abogada de imposibles.

SEGUIRIYAS GITANAS

A la mar maera,
y a la tierra güesos;
y pa los hombres, las mujeres barbis
y er binito resio.

Dentro e mi pechito
tengo yo su imange;
manque me yeben a la fin der mundo,
no hay quien me l'arranque.

Cuando t'apartaron
e la bera mía,
yo no comía bocaíto a gusto,
porque no te bía.

Yo sé que contigo
no me he de lográ;
por eso mis ducas nunca ban a menos,
siempre ban a más.

Le peí ar carrero
con mucho doló,
que m'arropara la mi compañera
con un cobertó.

Si no me querías,
¿pa qué me yamabas?
¡P'achicharrarme mi corasonsiyo
en bibitas yamas!

¿Que un beso es pecao
te dise tu mare?
Que te diga si eya era una santa
y un santo tu pare.

COPLAS

Er día que tú nasiste
er sol se bistió de limpio,
y hubo en er sielo una juerga
que bailó hasta Jesucristo.

Enmedio der corasón
grande puñalá te dieron;
¡Mira si lo tienes duro
cuando rechasó el asero!

Naide levante ar caío,
que yo a uno lebanté,
y después de lebantao
er me dejó a mí caé.

Tu pare y tu mare disen
que no los dejo dormir;
dentro e la casita tienen
la que no me deja a mí.

Tengo e jasé un castiyo
en la punta e un arfilé,
y ha de tené más firmesa
que ha tenío tu queré.

Todo el hombre que se casa
con una mujer bonita,
hasta que no llega a vieja
el susto no se le quita.

Tengo yo mi corasón
tan jechesito a mis mañas,
que le digo «yora», y yora,
y le digo «canta», y canta.

Er día que tú nasiste
se cayó un cachito e sielo,
y jasta que no te mueras
no se tapa el abujero.